김경일의
다시 만난
심리학

EBS 제작팀 기획 | 김경일 지음

YoungJin.com Y.
영진닷컴

김경일의
다시 만난 심리학

Copyright ⓒ EBS All rights reserved.

All rights reserved. First published by Youngjin.com. in 2025. Printed in Korea
저작권법에 의하여 한국 내에서 보호를 받는 저작물이므로 무단 전재와 무단 복제를 금합니다.
이 책에 언급된 모든 상표는 각 회사의 등록 상표입니다.
또한 인용된 사이트의 저작권은 해당 사이트에 있음을 밝힙니다.

ISBN 978-89-314-8107-5

독자님의 의견을 받습니다.

이 책을 구입한 독자님은 영진닷컴의 가장 중요한 비평가이자 조언가입니다. 저희 책의 장점과 문제점이 무엇인지, 어떤 책이 출판되기를 바라는지, 책을 더욱 알차게 꾸밀 수 있는 아이디어가 있으면 팩스나 이메일, 또는 우편으로 연락주시기 바랍니다. 의견을 주실 때에는 책 제목 및 독자님의 성함과 연락처(전화번호나 이메일)를 꼭 남겨주시기 바랍니다. 독자님의 의견에 대해 바로 답변을 드리고, 또 독자님의 의견을 다음 책에 충분히 반영하도록 늘 노력하겠습니다.

주 소 : (우)08512 서울특별시 금천구 디지털로9길 32 갑을그레이트밸리 B동 10층 (주)영진닷컴
이메일 : support@youngjin.com

※ 파본이나 잘못된 도서는 구입처에서 교환 및 환불해 드립니다.

STAFF

저자 김경일 | **기획** EBS 제작팀 | **총괄** 김태경 | **진행** 한지수 | **디자인·편집** 강민정
영업 박준용, 임용수, 김도현, 이윤철 | **마케팅** 이승희, 김근주, 조민영, 김민지, 김진희, 이현아
제작 황장협 | **인쇄** 제이엠

일러두기

- 이 책은 EBS에서 방영된 〈나의 두 번째 교과서〉 시즌 2 방송으로 구성된 도서입니다.

첫인사

많은 분들이 이렇게 말씀하시곤 합니다.
"학교 다닐 때 국영수는 배웠어도 심리학은 배운 적이 없다."

그래서 〈나의 두 번째 교과서〉 시즌 2에서 심리학을 만난다는 사실이 조금은 낯설고 의아하게 느껴지실 수도 있을 겁니다. 하지만 요즘은 고등학교에서도 심리학을 선택 과목으로 배울 수 있을 만큼, 마음만 먹으면 누구나 심리학을 공부할 수 있는 시대가 되었습니다.

심리학은 매우 실용적인 학문입니다. 우리가 살아가며 겪는 희로애락의 순간들과 밀접하게 연결돼 있기 때문이죠. 심리적으로 어려움을 겪는 상황이 아니더라도, 어떤 것을 선택해야 할지 고민될 때, 마음이 혼란스러울 때, 혹은 '왜 내가 이런 실수를 했을까.' 하는 자책감이 들 때도 심리학은 큰 도움이 됩니다.

심리학은 인간의 지각, 인지, 성격, 행동, 학습, 기억, 정서 등 삶의 전반에 걸친 여러 심리 과정을 탐구합니다. 우리의 일상은 심리학과 깊이 연결되어 있기 때문에, 그 내용을 이해하면 삶을 더 잘 살아가는 데 실질적인 도움을 받을 수 있죠.

이번 저의 강의에서는 그러한 심리학적 개념들을 바탕으로 '나 자신과 잘 지내는 법', 그리고 '타인과 잘 지내는 법'을 함께 살펴보려고 합니다.

왜 이 두 가지를 함께 살펴봐야 할까요?

우리가 겪는 많은 마음의 문제가 대부분 관계 속에서 발생하기 때문입니다. 내 마음이 힘들다고 느껴질 때, 그 원인을 가만히 들여다보면 타인과의 갈등이나 오해, 혹은 관계에서 비롯된 감정일 때가 많습니다. 그래서 심리학을 통해 나 자신을 이해하고 타인을 이해하는 법을 함께 배우는 것이 중요합니다. 내 마음이 어떻게 작동하는지, 다른 사람의 마음은 어떻게 움직이는지, 또 왜 그런 선택을 했고, 왜 그런 감정이 들었는지. 강의를 통해 세상을 조금 더 따뜻한 시선으로 바라볼 수 있게 되면 좋겠습니다. 그러다 보면 나를 덜 미워하게 되고, 다른 사람에게도 조금 더 여유를 가질 수 있게 되지 않을까요?

심리학은 거창하거나 어려운 학문이 아닙니다. 그저 우리가 조금 더 편안하게, 조금 더 따뜻하게 살아가기 위해 꼭 알고 있어야 할 이야기들이 담겨있을 뿐이죠.

부디 이 책이 여러분 마음속에 작은 울림으로 남아 스스로를 이해하는 데, 또 누군가를 조금 더 이해하고 품어주는 데 작은 길잡이가 되어주길 바랍니다.

목차

나를 알아가기

1강 나는 내 성격을 알고 있을까?

성격도 변할 수 있을까? · 13 | 성격을 이루는 다섯 가지 요소 · 14 | 성격은 어떻게 측정할 수 있을까? · 16 | MBTI에 대한 오해와 진실 · 18 | 나를 잘 알 수 있는 방법 · 23 | 성품은 바꿀 수 있다 · 25 | 잠이 발목을 잡는 시대 · 27 | 나에게 맞는 수면 습관 · 30 | 좋은 사람의 조건은 '거리 감각' · 31 | 나이 들수록 성격이 좋아지는 사람들의 비밀 · 32

2강 불안과 우울에도 탈출구가 있을까?

인간이 가장 싫어하는 감정 '불안' · 39 | 공포영화가 무서운 이유 · 41 | 에너지를 만드는 '긴장' · 42 | 긴장과 불안 사이에서 중심 잡는 법 · 44 | 예민함과 불안의 상관관계 · 45 | 완벽주의자는 철저한 사람이다? · 49 | 완벽주의가 생기는 이유 · 50 | 이미 완벽주의자가 되었다면? · 51 | 불안을 놓아두자 · 52 | 풍랑 같은 불안, 가뭄 같은 우울 · 55 | 우울해지는 이유 · 57 | 지능이 높으면 쉽게 우울해진다? · 59 | 우울감에서 빠져나오는 법 · 60 | 우울감은 생각 전환의 기회 · 64

3강 스트레스와 외로움을 이기는 방법

스트레스를 받는 한국인, 외로움을 느끼는 일본인 · 71 | 괴로운 것보다 외로운 게 더 나쁘다 · 73 | 스트레스는 왜 몸을 아프게 할까? · 75 | 현명한 스트레스 해소법 · 77 | 스트레스를 받았을 때 범하는 실수 · 82 | 스트레스를 풀 시간이 없다? · 84 | 외로움은 극복해야 하는 것일까, 즐겨야 하는 것일까? · 86 | '남의 감탄에 목매는 삶'에서 벗어나기 · 88 | 나의 '사회성 용량' 파악하기 · 89 | 느슨하고 다양한 관계의 필요성 · 91 | 잠을 잘 못 자는 사람이 더 외롭다 · 92

더 나은 내가 되기

4강 성공하는 인생의 필수 조건

나에게 성공이란? · 99 | 진정한 성공은 무엇일까? · 102 | '성공한 사람'과 '성인'의 차이 · 105 | '작은 행복'은 고난과 시련을 이겨내는 도구 · 107 | 개방적인 태도는 성공을 부른다? · 109 | 하기 싫은 일을 하면서도 성공할 수 있을까? · 111 | 목표는 꼭 커야 성공할까? · 115 | 우선순위 먼저 정하기 · 117 | 채찍과 당근은 한 세트로 · 119

5강 나쁜 습관을 고칠 수 있을까?

중독이란? · 127 | 중독에 약한 사람이 따로 있을까? · 128 | 중독을 끊기 위해서는 꼭 전문가의 도움을 받아야 할까? · 130 | 습관이 중독을 키운다 · 133 | 나쁜 습관 위에 좋은 습관을 덮어씌울 수 있다 · 135 | 스마트폰과 멀어지는 법 · 137 | 좋은 습관을 만드는 법 · 141

6강 호감 가는 사람은 무엇이 다를까?

호감의 요소 · 151 | 호감을 얻으려면 '이것'을 가져라 · 155 | 호감의 필수 요소 '외모' · 156 | 타인을 인기인으로 만들어라 · 159 | 착하지만 만만하지 않은 사람의 특징 · 161 | 이성 친구에게 인기가 없는 사람 · 164 | 나쁜 사람에게 끌리는 이유 · 166

타인과 잘 지내기

7강 나쁜 사람은 무조건 피해야 할까?

자신을 높이기 위해 타인을 깎아내리는 사람 '나르시시스트' · 173 | 약자를 무가치한 존재로 여기는 '마키아벨리즘' · 177 | 인류 최악의 성격장애 '사이코패시' · 180 | 멀어지고 끊어내야 할 관계 · 183 | 주변에 있는 '못난 삼각형' · 185 | 거리를 두어야 할 사람 '빅 마우스' · 187 | 빅 마우스 대처법 · 189 | 거리를 두어야 할 사람 '가식적인 사람' · 191 | 가식적인 사람 대처법 · 193 | 좋은 사람이란, "내가 도와줄 수 있는 건 이거야."라고 말하는 사람 · 195

8강 연인, 가족이 주는 행복과 불행에 대하여

다르지만 가장 가까운 관계 · 201 | 함께 있고 싶은 마음 '애착 유형' · 203 | 관계 맺기가 필요한 이유 · 207 | 연인의 폭력성을 미리 확인할 수 있는 방법 · 208 | 바람기가 강한 사람의 특징 · 210 | 나쁜 사람인 걸 알면서도 헤어지지 못하는 이유 · 213 | 나쁜 사람이 타깃으로 삼는 사람의 특징 · 214 | 가족은 '타인'이라는 것을 인정해야 하는 관계 · 216 | 부모는 자녀의 성격을 바꿔줄 수 있을까? · 219

사회 속에 살아가기

9강 한국에서 한국인으로 살아가는 법

그 나라의 특성을 알 수 있는 집단심리·229 | 한국인이 독특하다고 평가받는 이유·230 | 우리만 아는 '우리' 문화·233 | 관계주의 문화를 중시하는 한국인·235 | 한국인은 잘 뭉친다 vs 분열한다·238 | 문화 간 차이보다 문화 내 차이가 더 크다·240 | 집단이 나를 힘들게 할 때 나를 지키는 법·242

10강 나이 들수록 깊어지는 사람의 비밀

나이가 들면 성장이 멈추는 걸까?·251 | 나이 들수록 더 정교해지는 사람 vs 더 단순해지는 사람·253 | 나이 들수록 더 좋아지는 능력·256 | 중년이 되면 반드시 해야 하는 일·258 | 정신 건강과 신체 건강은 같은 건전지를 쓴다·262 | 나는 끊임없이 긍정적으로 변화하는 존재다·266

나를 알아가기

1강

나는 내 성격을 알고 있을까?

- 성격도 변할 수 있을까?
- 성격을 이루는 다섯 가지 요소
- 성격은 어떻게 측정할 수 있을까?
- MBTI에 대한 오해와 진실
- 나를 잘 알 수 있는 방법
- 성품은 바꿀 수 있다
- 잠이 발목을 잡는 시대
- 나에게 맞는 수면 습관
- 좋은 사람의 조건은 '거리 감각'
- 나이 들수록 성격이 좋아지는 사람들의 비밀

1강에 들어가기에 앞서

1강에서는 '나를 아는 법'에 대해 이야기해 보겠습니다.
그중에서도 가장 기본적인 '성격'에 대해 살펴볼 텐데요, 우리가 일상에서 흔히 이런 말을 하죠.
"너, 성격이 많이 변했어."
"저 친구 성격이 좀 특이한 것 같아."
"성격 좋은 사람 만나고 싶어."

정말 많은 상황에서 '성격'이라는 말을 자주 사용합니다. 그런데 성격보다 잘 언급되지는 않지만, '성품'이라는 말도 함께 쓰곤 하죠. 사실 심리학자들은 성격과 성품을 아주 다르게 구분합니다. 일반적으로 성격은 '기질'과 비슷한 개념으로 이해되는데요, 여기서 기질은 타고나서 쉽게 변하지 않는 부분을 뜻합니다.

반면에 성품은 후천적으로 형성되는 부분이며, 시간과 경험, 관계 속에서 충분히 변화하고 성장할 수 있는 특성. 즉, 성격이 우리가 가지고 태어난 '기본값'이라면, 성품은 살아가면서 스스로 만들어 가는 '결과값'이라고 할 수 있습니다.

이 두 개념을 구분해서 이해하면, 나 자신이나 타인의 행동을 더 깊이 이해할 수 있을 뿐만 아니라, 어떤 부분은 받아들이고, 어떤 부분은 노력으로 바꿔갈 수 있을지에 대한 실마리도 얻을 수 있습니다.
1강에서는 성격과 성품의 차이를 살펴보며 우리가 변화시킬 수 있는 영역이 어디인지, 또 그것을 어떻게 바라보고 다룰 수 있을지를 함께 생각해 보려고 합니다.

성격도 변할 수 있을까?

심리학자들이 흔히 하는 말이 있습니다.
"성격은 쉽게 변하지 않지만, 성품은 계속 변화할 수 있다."
정말 그럴까요?

앞에서 성격은 기질과 비슷한 개념으로 이해된다고 말씀드렸죠. 심리학자나 생물학자들이 말하는 '기질'은, 태어날 때부터 형성돼 평생 비교적 안정적으로 유지되는 성향을 뜻합니다. 즉, 심리학에서 '이 요인은 기질이다.'라고 하면, 타고난 부분이라 쉽게 바뀌지 않는 것으로 보는 거죠.

기질은 인생 초반, 또는 후반부를 통틀어 비교적 변하지 않는 특성을 말하는데요. '수치상으로 편차가 적다.'라는 의미입니다. 대표적으로 '성격'과 'IQ'가 여기에 해당되죠.

대부분의 연구자들은 IQ와 성격과 같은 요인은, 태아 때나 출생 직후의 환경과 상호작용을 통해 형성되고, 이후 크게 변하지 않는다고 봅니다. 그래서 인생 전반에 걸쳐 크게 바꾸는 것이 의미가 없고, 설사 바꾼다고 해도 큰 효과를 기대하기 어렵다고 말하죠.

하지만 이 점에 대해 많은 분들이 오해를 하기도 합니다. 기억력과 계산력, 사고 속도와 같은 IQ적 요소나, 외향적·내향적, 예민함과 같은 성격 특성이 기질이라 하면, '사람은 변하지 않는다.'라는 뜻으로 받아들이는 경우가 많아요. 하지만 타고난 기질이 쉽게 바뀌지 않아도, 사람은 선택과 경험을 통해 충분히 달라질 수 있습니다.

성격을 이루는 다섯 가지 요소

심리학자들은 인간의 성격을 이루는 최소한의 다섯 가지 주요 요소, 즉 '빅 파이브 Big Five'로 알려진 다섯 가지 요인이 있다고 말합니다.

그중 첫 번째는 '외향성'입니다. 외향성은 사람과의 관계나 사회적 활동을 얼마나 활발하게 추구하느냐에 관한 성향입니다. 외향적인 사람은 대체로 사교적이고 활동적인 반면, 내향적인 사람은 혼자 있는 시간을 더 편안하게 느끼고, 깊이 있는 사고를 선호합니다.

둘째는 개방성으로, 새로운 경험에 얼마나 유연하게 반응하며 열린 태도를 지니는지를 나타냅니다. 개방성이 높은 사람은 창의적이고 호기심이 많으며, 보수적인 성향의 사람은 익숙하고 안정된 것을 선호하는 경향이 있습니다.

▲ 빅 파이브

셋째는 신경성 또는 정서적 불안정성입니다. 이는 스트레스나 부정적인 감정에 얼마나 민감하게 반응하느냐를 나타내는 척도가 되기도 하는데, 신경성이 높은 사람은 예민하고 불안감을 자주 느끼는 반면, 신경성이 낮은 사람은 감정적으로 안정되어 있으며 차분한 편입니다.

넷째는 우호성입니다. 우호성은 타인에 대해 얼마나 친절하고 협조적인 태도를 보이느냐를 나타내는 성향으로, 우호성이 높은 사람은 공감 능력이 뛰어나고 타인과의 갈등을 피하려는 경향이 있습니다. 반대로 낮은 경우에는 경쟁적이거나 냉소적으로 보일 수 있죠.

다섯째는 성실성으로, 목표를 위해 얼마나 계획적으로 행동하고 책임감 있게 일을 수행하느냐와 관련된 성향입니다. 성실성이 높은 사람은 체계적이고 신뢰할 수 있으며, 낮은 경우에는 충동적으로 행동하거나 계획을 꾸준히 실행하는 것을 어려워할 수 있습니다.

이 다섯 가지 성격 요인은 현재 고등학교 심리학 교과서에도 소개되어있으며, 다양한 심리학 자료나 매체를 통해서도 쉽게 접하실 수 있을 만큼 널리 알려져 있습니다. 그만큼 객관적이고 보편적인 틀로 여겨지지만, 그렇다고 해서 우리가 인간에 대해 언제나 같은 결론에 도달하는 것은 아닙니다.

예를 들어, '무의식'이라는 개념이 크게 주목받게 된 것도 프로이트 이후의 일이고, 그 역사가 불과 100년이 채 되지 않습니다. 그러니 빅 파이브가 인간 성격의 최종 답은 아닐 수 있다는 점을 염두에 두어야 합니다.

최근에는 이 다섯 가지 외에 한국인에게는 '정직·겸손성'이라는 여섯 번째 요인이 포함되어야 한다고 주장하는 연구자들도 있습니다.

캐나다 캘거리대학교의 이규범 교수는, 이 여섯 가지 차원이 함께 고려될 때 그 사람의 성격을 더 완전하게 설명할 수 있다고 말합니다. 저도 심리학자로서 이 의견에 충분히 동의합니다.

성격은 어떻게 측정할 수 있을까?

'성격은 잘 변하지 않는 기질이다.' 이 말은 모든 심리학책에 나오는 내용이지만, 그렇다고 해서 성격이 한 번 정해지면 그게 평생 좋거나 나쁘게만 작용한다는 뜻은 아닙니다. 성격은 비교적 안정적인 특성이지만, 환경과 경험에 따라 달라 보이거나 다르게 발현될 수 있기 때문입니다.

또 성격은 단순히 행동이나 태도의 문제가 아니라, 선천적으로 타고난 기질적인 요소도 포함하고 있습니다. 그래서 우리는, 보통 '성격검사'라고 하면 설문지에 문항을 체크하는 방식만 떠올리기 쉽지만, 보다 생물학적인 접근을 통해 성격을 이해하려는 시도도 계속되고 있습니다.

예를 들어, 기질적인 성격은 태어날 때부터 어느 정도 신체적인 기반을 가지고 있어서, fMRI(기능자기공명영상)와 같은 뇌 촬영 장비를 통해 성격과 관련된 뇌의 반응이나 구조를 관찰할 수 있습니다.
심지어 손가락 길이도 성격을 추정하는 데 활용되기도 하죠. 태아 시절, 에스트로겐이나 테스토스테론과 같은 성호르몬의 영향으로 검지와 약지의 길이 비율이 결정되는데, 이 비율이 특정 성격 경향성과 관련이 있다는 연구 결과도 있습니다.
즉, 성격을 보여주는 생물학적 단서들이 우리 몸 곳곳에 숨어있고, 이를 통해 성격의 한 단면을 보다 입체적으로 이해할 수 있다는 뜻입니다.

우리가 흔히 '성격을 안다.'라고 말하곤 하지만, 실제로 성격을 이해한다는 것이 성격검사와 꼭 연결되는 것은 아닙니다. 의외로 성격

검사와는 크게 관련이 없는 경우도 많죠. 그런데도 사람들이 성격검사라고 부르는 대표적인 예가 바로 'MBTI'입니다.

MBTI에 대한 오해와 진실

MBTI 검사는 질문에 대한 응답을 통해 사람의 성격 유형을 열여섯 가지로 나누지만, 사실 심리학계에서는 MBTI가 과학적 타당성과 신뢰성이 충분히 입증되지 않았다는 이유로 정식 성격검사로 인정받지 못하고 있습니다. 실제로 대부분의 심리학자들은 MBTI를 성격의 복잡한 특성을 정확하게 측정하거나 예측하는 데 한계가 있다고 보고, 이를 엄밀한 의미의 성격검사로 보지 않습니다. 그럼 MBTI는 잘못 만들어진 검사일까요? 아닙니다. 오히려 MBTI는 꽤 잘 만들어진 검사입니다. 다만 오용되고, 남용되고 있다는 것이 문제죠.

안약은 눈에 넣으면 좋은 약입니다. 눈을 치료하는 데는 효과적이지만, 그 안약을 입에 넣는다면? 복통이 생길 수도 있고, 심하면 더 심각한 부작용이 나타날 수도 있죠. 안약은 눈에 넣어야 효과가 있듯, MBTI도 그 목적과 방법에 맞게 사용할 때 비로소 유용한 도구가 됩니다. 아무리 잘 만들어진 검사라도, 엉뚱한 용도로 쓰인다면 본래의 역할을 제대로 해내기 어려운 것이죠.

MBTI도 마찬가지입니다. 적절한 목적과 방식 없이 사용된다면, 사람의 성격을 있는 그대로 이해하기보다는 오히려 단편적인 틀에 가두게 될 수 있습니다.

그런데 이런 말씀 하시는 분들 정말 많습니다.

"어? 작년이랑 결과가 달라졌어요."

"저는 지난주랑도 다른데요?"

우리는 MBTI를 성격검사라고 여기면서, 그 결과가 왜 이렇게 자주 바뀌는지에 대해서는 크게 의문을 갖지 않습니다.

MBTI는 성격에 대한 무언가를 측정하긴 하지만, 우리가 흔히 생각하는 '쉽게 변하지 않는 성격'을 측정하지는 않습니다. 오히려 유동적이고 가변적인, 즉 '잘 변하는' 측면을 반영한다고 보는 것이 더 적절할지 모릅니다. 그래서 저는 MBTI가 무엇을 측정하는 검사인지 설명할 때, 이렇게 표현하곤 합니다.

"이 검사는 당신이 지난 2~3년 동안 사회 속에서 어떤 얼굴을 하고, 사회적으로 어떤 가면을 쓰며 살아왔는지를 보여주는 검사입니다."

MBTI는 'Myers-Briggs Type Indicator'의 약자로, 홈스쿨링을 하던 어머니 캐서린 브릭스 Katharine Briggs가 딸 이사벨 마이어스 Isabel Myers에게 '세상에는 이렇게 다양한 종류의 사람들이 있다.'라는 사실을 알려주기 위해 만든 검사입니다. 말하자면 '사람의 다양성'을 이해시키기 위한 일종의 교육 도구이자 심리적 게임이었던 것이죠.

그래서 MBTI를 바라볼 때는, 이것이 성격을 '고정적으로 규정하는 검사'라기보다 '사회적 역할이나 경향성을 보여주는 도구'라는 점을 염두에 두는 것이 중요합니다.

예를 들어 MBTI 검사 결과가 ISTJ로 나왔다고 하면, '아, 나는 ISTJ 성격이다.'라고 단정하기보다는, '내가 지난 2~3년 동안은 사회 속에서 주로 ISTJ적인 방식으로 사람들을 대하고, 일하고, 살아왔구나.'라고 이해하는 게 더 적절합니다.

실제로 저는 1993년에 처음으로 MBTI 검사를 받아봤습니다. 그때도 ISTJ가 나왔고, 그 이후로 30년이 훌쩍 넘는 시간 동안 40번 가까이 MBTI 검사를 해왔습니다. MBTI 유형은 총 열여섯 가지인데, 저는 그중에 두 가지를 빼고는 거의 모든 유형이 나왔습니다. 아직까지 ENFP와 ENFJ는 한 번도 나온 적이 없습니다. 무슨 얘기냐면, 저는 아직 ENFP나 ENFJ에 해당하는 사회적 모습으로 살아본

▲ MBTI 성격유형

적이 없다는 뜻이에요(최초 공개하네요!).

반대로 제 아내는 대부분 ENFP로만 나옵니다. 저는 대부분 ISTJ가 나오니 서로 완전히 다른 유형인 거죠.

이게 바로 MBTI의 핵심 취지와 맞닿아 있습니다.
'나는 ISTJ니까 ENFP 같은 성격이랑은 안 맞아.' 하고 서로를 단정 짓는 게 아니라, '나는 주로 ISTJ의 사회적 역할을 하고 있고, 이 사람은 ENFP의 역할을 잘 해내는 사람이구나. 그렇다면 우리는 함께 있을 때 훨씬 다양한 일들을 해낼 수 있겠네.' 혹은, '같은 ISTJ끼리라면 오히려 일할 때 더 합이 잘 맞을 수도 있겠네.' 이렇게 사람 사이의 다양성과 조화를 이해하고, 협업과 보완의 관점에서 바라보는 출발점이 바로 MBTI의 원래 목적이라는 얘기죠.

그래서 저는 이렇게 말씀드립니다.
MBTI로 사람을 뽑는 회사에는 절대 입사하지 마세요!
사람을 낙인찍고, 고정된 잣대로 판단하려는 회사일 가능성이 크기 때문입니다. 물론 MBTI를 적절히 잘 활용하는 좋은 회사들도 분명히 있습니다. 하지만 중요한 건, MBTI는 성격과 어느 정도 관련은 있을 수 있지만, 결코 성격을 정확히 보여주는 검사는 아니라는 점입니다.

그렇다면 좀 더 신뢰할 수 있는 성격검사에는 어떤 것이 있을까요? 최근에는 앞서 말씀드렸던 인간의 성격을 다섯 가지 요인으로 설명하는 빅 파이브에, '정직·겸손성'이라는 여섯 번째 요인을 추가한, 헥

▲ 헥사코 테스트

사코 Hexaco 테스트가 주목받고 있습니다.

상업적인 목적에 따라 문항이 임의로 수정되거나 왜곡된 버전이 떠도는 MBTI와 달리, 헥사코 테스트는 학문적으로 정제돼 있고, 비교적 신뢰도가 높은 검사 중 하나입니다.

이 검사를 해보시면, 여섯 가지 차원에서 자신의 성격, 특히 기질적인 측면들을 더 잘 이해할 수 있게 됩니다.

그래서 저는 이렇게 말씀드리곤 합니다. 'MBTI와 같은 검사로는 나의 사회적 얼굴, 즉 사회적인 상황에서 내가 주로 보여주는 모습들을 살펴보고, 본래 나는 어떤 사람인가를 좀 더 깊이 들여다보고 싶다면, 헥사코 같은 테스트를 활용해 보는 것이 좋다.' 이렇게 두 가지 관점에서 자신을 균형 있게 바라볼 수 있을 때, 나에 대한 입체적인 이해가 가능해집니다.

나를 더 잘 알 수 있는 방법

자, 그런데 여기서 또 하나 중요한 문제가 있습니다. 과연 사람은 자신의 성격을 얼마나 정확히 알고 있을까요?

"내가 나를 제일 잘 알아." 저는 심리학자로서 이런 말을 하는 분들을 볼 때마다 오히려 그분들이 무언가 허점을 가졌을 가능성이 크다고 느낍니다.

많은 사람들이 이렇게 말하지만, 심리학은 오랜 연구를 통해 우리는 생각만큼 자신을 잘 알지 못한다는 사실을 반복해서 보여주고 있습니다. 더 위험한 말도 있죠. "내가 널 잘 알아." 자기 자신도 잘 모르는 사람이, 타인을 정말 잘 알 수 있을까요?

그렇다고 해서 '인간은 자기 자신도 모르고 타인도 모르니 그냥 바보처럼 살아가는 존재다.'라는 식의 결론을 내리는 건 더 위험한 생각입니다. 중요한 건, 성격에는 자신이 더 잘 아는 측면이 있고, 반대로 타인이 더 잘 알아보는 측면도 있다는 사실입니다.

최근에는 '내가 얼마나 성실한지는 본인보다 오히려 주변 사람들이 더 정확하게 파악할 수 있다.'라는 연구도 활발히 진행되고 있습니다.

사실 이 자리에서 처음 밝히는 이야기지만, 저는 성격검사를 할 때마다 '성실성'이 굉장히 낮게 나옵니다. 이 점은 학창 시절 저의 담임선생님들이나 지도교수님들께서도 잘 알고 계셨죠. 그만큼 눈에 띄는 특성이었던 겁니다.

하지만 이런 걸 부끄러워하거나 실망할 필요는 없습니다. 성실성이라는 건, 재미없는 일도 묵묵히 해내는 꾸준함과 관련이 있긴 하지만, 자신에게 잘 맞는 것을 찾아서 몰입하는 능력과는 또 다른 차원의 이야기이기 때문입니다. 실제로 사회에서 큰 성취를 이룬 사람들, 특정 분야에서 전문가를 넘어 대가의 반열에 오른 사람들 중에도 성격검사에서 성실성이 낮게 나오는 분들이 꽤 많습니다. 그러니 자신에게 타고난 기질이 조금 부족하다고 해서 너무 속상해할 필요는 없습니다.

어쨌든 성실성은, 나보다 타인이 더 잘 판단할 수 있는 성격 요인이라는 점, 꼭 기억해 두셨으면 합니다. 저 역시 50세가 넘은 지금까지도 '나는 성실한 사람이다.'라고 계속 주장하지만, 주변 사람들은 그렇지 않게 보는 경우도 많거든요. '나는 성실한데 왜 사람들은 그렇게 안 봐줄까?'라고 속으로 볼멘소리를 한 적도 많습니다.

반면, '우호성'은 내가 더 잘 아는 성격 요인입니다. 왜냐하면 상대가 어떤 사람인지 내가 느끼는 감정과 반응을 통해 스스로 인식할 수 있기 때문이죠.

또 '예민함', 즉 신경증적 성향도 내가 더 잘 아는 측면입니다. 왜냐하면 내가 표현하지 않으면 다른 사람은 내가 예민한지 잘 알 수 없으니까요.

이처럼 성격에는 내가 더 잘 보는 나의 측면이 있고, 남이 더 잘 알아보는 나의 측면도 있습니다. 그래서 성격을 알아가면 알아갈수록 참 흥미롭고, 우리 자신에 대해 생각해 볼 만한 재미있는 지점들이 많다는 거죠.

성품은 바꿀 수 있다

이제 본질적인 문제로 다시 돌아가 보겠습니다. 제가 "성격은 타고난 기질이라 바꾸기 어렵습니다."라고 말씀드리면, 꼭 이런 반응이 나옵니다.

"거 봐, 김경일 교수도 얘기하잖아. 인간 안 변해."

그런데 여기서 한 발짝만 더 나아가면, 이렇게까지 말씀하시는 분들도 계세요.

"사람은 고쳐 쓰는 거 아니야."

그런데, 아닙니다. 우리는 때때로 '고쳐 써야 할 때'가 있습니다. 왜냐하면 그 고침의 대상이 바로 나일 수도 있기 때문이죠. '개과천선'이라는 말도 있고, '청출어람'이라는 말도 있지 않습니까?

'사람은 안 변할까?'라는 질문에는 'Yes'와 'No'가 동시에 존재합니다. 즉, '성격'을 이야기할 때는 Yes, '성품'을 이야기할 때는 No입니다. 다시 말해, 성격은 바꾸기 어렵지만, 성품은 충분히 바꿀 수 있습니다.

성품은 무엇일까요? 예를 들면 이런 겁니다. 내 성격의 장점을 잘 드러내며 살아갈 때, 우리는 그 사람을 두고 이렇게 말하죠.
"참 성품이 좋으신 분이야."
"그 사람, 성품이 참 괜찮은 것 같아."
반대로, 같은 성격을 가지고 있더라도 단점만 드러난다면 이런 말을 하게 되죠.
"저 사람 성질머리가 왜 저래?"
"성숙하지 못했어."

외향적인 사람이라면 사람들을 아우르고, 에너지를 나누며 좋은 분위기를 이끄는 모습을 보일 때 그 성격의 장점이 잘 드러납니다. 반면 내향적인 사람은 집중력이 좋아서 자신이 중요하게 여기는 사람이나 주제에 깊이 몰입할 수 있죠. 이런 특성은 타인을 세심하게 배려하는 능력으로도 나타날 수 있습니다.

예를 들어, 저는 사람들이 많은 자리에서 사회를 보는 걸 즐기지 않습니다. 하지만 그 자리에 모인 사람들이 어떤 분위기를 필요로 하는지 파악하고, 그에 맞는 요소를 준비하며 잘 이끌어가려고 합니다. 이렇게 내향적인 성격도 상황에 따라 충분히 강점으로 발휘될 수 있는 것이죠.

그런데 성격의 단점이 드러나는 경우는 어떤 상황일까요?

외향적인 사람이 필요 이상으로 여기저기 간섭하고 나서는 모습, 내향적인 사람이 자신의 관심사에만 몰두해서 주변을 소홀히 하는 모습 같은 게 있을 수 있겠죠.

여기서 질문 하나 드릴게요. 단점을 보완하는게 쉬울까요, 장점을 키우는게 더 쉬울까요?

심리학 연구에 따르면, 단점을 고치기보다는 장점을 갈고닦는 것이 훨씬 더 효율적이고 효과적이라고 합니다. 가성비가 훨씬 좋다는 뜻이죠. 그렇다고 '단점은 그냥 내버려 두자.'라는 이야기는 아닙니다.

우리는 서로 다른 기질과 성격을 가지고 태어났고, 서로 다른 사람들과 함께 어울려 살아갑니다. 그렇기 때문에 내가 약한 부분은 타인이 보완해 줄 수 있습니다. 그게 더 현실적이고 자연스러운 방식이죠.

잠이 발목을 잡는 시대

그렇다면 내 성격의 장점을 잘 드러내려면 어떻게 해야 할까요?

의외로 간단합니다. 내 컨디션이 좋아야 합니다. 재미있는 사실은요, 사람은 컨디션이 좋을 때 장점이 더 잘 드러나고, 컨디션이 나쁠 때는 단점이 더 부각된다는 거예요.

여기서 또 하나의 질문이 생기죠. '컨디션이 좋다.'라는 건 무슨 의미일까요?

컨디션이 좋다는 건, 내 성격 자체가 아니라 그날그날의 환경과 상황에 영향을 받는 상태를 말합니다. 그리고 이 컨디션을 결정짓는 가장 중요한 요소 중 하나가 바로 '수면'입니다.

수면은 정말 중요합니다. 그런데 안타깝게도 우리 사회는 그 중요성을 너무 오래 외면해 왔습니다. 우리가 하루를 어떤 컨디션으로 보내는지는, 전날 얼마나 잘 잤는가에 달려있습니다. 예전에는 수면을 그저 쉬는 시간, 혹은 아무 일도 하지 않는 시간으로 여겼습니다. 이런 말도 있었죠.

'인생의 3분의 1을 잠으로 낭비하지 마라.'

심지어 고등학교 교실 벽에는 이런 문구도 걸려있었어요.

'잠은 죽어서 자라.'

그런데요, 잠 안 자면 죽습니다. 그리고 잠을 제대로 자지 않으면, 내가 싫어하는 내 모습, 즉, 성격의 단점들이 너무 쉽게 드러납니다.

최근에는 인간의 수명이 길어지면서 전 세계적으로 수면에 대한 연구가 빠르게 축적되고 있습니다. 이제 우리는 압니다. 수면은 절대 낭비가 아니라는 것을요. 수면은 우리 인생의 3분의 1을 차지하는, 가장 중요한 시간 중 하나입니다.

잠을 자는 동안 우리는 몸과 뇌를 재정비합니다. 자동차도 정비소에 가야 오래가듯, 우리 뇌도 수면 중에 스스로를 '리셋'하고 '리프레시'합니다. 또한 수면 중에는 평소 깨어있을 때와는 다른 방식으로 뇌의 회로가 작동하기 때문에, 푹 자고 나면 전혀 생각하지 못했던 새로운 아이디어가 떠오르기도 합니다. 그래서 이런 말이 있습니다.
'잘 자는 사람이 공부도 잘하고, 사업도 잘하고, 인간관계도 좋다.'

하지만 우리는 오랫동안 수면을 천덕꾸러기처럼 여겨왔습니다. 왜일까요? 우리의 출발점이 너무나 어려웠기 때문입니다. 전쟁과 가난의 폐허 속에서 하루라도 빨리 일어서야 했던 시절, 살아남기 위해 남들보다 더 오래 깨어있어야 했죠.
하지만 이제는 달라져야 합니다. 더 오래 살고, 더 건강하게 살기 위해 수면을 다시 바라봐야 합니다. 그게 내가 나답게, 내 성격의 장점을 드러내며 살아갈 수 있는 가장 기본적인 조건이니까요.

우리 부모님 세대, 그리고 그 위의 조부모님 세대는 지난 70~80년 동안 잠을 줄여가며, 때로는 잠을 잊어가며 지구상에서 가장 열심히 사는 나라를 만들어 냈습니다. 덕분에 대한민국은 눈부신 성장과 발전을 이뤘죠.
하지만 세상에는 반복되는 법칙이 있습니다. 한 시대의 성장 원동력이 다음 시대의 발목을 잡고, 한 시대의 성공 요인이 다음 시대의 실패 요인이 되기도 한다는 겁니다. 지금 한국 사회는 그 전환점에 서있습니다. 바로 '잠'이 그렇습니다.

한국은 세계에서 유일하게 잠을 '부끄럽게 여기는' 나라일지도 모릅니다. "지금 잠이 오냐?"라는 말은 외국어로 번역조차 어렵습니다. 우리는 잠을 줄여가며 공부하고 일을 했으며, 그 결과로 수명과 재산, 국가 경쟁력 모두 눈에 띄게 성장했습니다.

하지만 이제는 시대가 달라졌습니다. 40~50대에 생을 마감하던 시절은 지나고, 100세 시대가 도래했습니다. 지속가능성, 창의성, 건강, 회복탄력성과 같은 미래 사회의 핵심역량은 오히려 부족한 수면 때문에 손상되고 있습니다. 그래서 우리는 이제 '잘 자야' 합니다. 그래야만 나의 장점도, 사회와 기업의 강점도 온전히 드러날 수 있습니다.

나에게 맞는 수면 습관 찾기

여기서 중요한 질문이 생깁니다. 잘 자는 것이란 과연 무엇일까요? 사람마다 필요한 수면 시간이 다르고, 아침형 인간과 저녁형 인간도 존재합니다. 롱 슬리퍼 long sleeper, 숏 슬리퍼 short sleeper처럼 수면 유형도 다양하죠.

그렇다면 이렇게 물어볼 수 있습니다.

'나는 몇 시에 자고, 몇 시간을 자야 다음 날 최고의 컨디션을 유지할 수 있을까?'

이 질문에 정확히 답할 수 있는 한국인은 많지 않습니다. 왜일까요? 한국에서 잠은 늘 '일이나 공부에 지쳐 쓰러지듯 잠드는 것'이기 때문입니다. 자신에게 맞는 수면 시간을 실험하거나 관찰할 여유가 없었던 게 사실이죠. 하지만 그렇게 쓰러지듯 잠들면, 다음 날 더 미성숙한, 단점이 도드라지는 내가 깨어날 뿐입니다.

오늘 하루, 나의 말과 행동을 스스로 평가해 보세요. 그리고 전날 몇 시에 자서 몇 시간을 잤는지 기록해 보세요. 단지 '맑음'이라고 쓰는 일기보다, 이런 기록이 훨씬 더 나를 알려주는 중요한 자료가 될 수 있습니다. 예를 들어, 이렇게요.

'6월 16일. 전날 밤 11시 취침, 8시간 수면.'

성숙한 사람, 성품이 좋은 사람이 되기 위해서는 나에게 맞는 수면 패턴을 아는 것이 필수입니다.

좋은 사람의 조건은 '거리 감각'

내 성격을 기반으로 좋은 사람이 되려면 어떻게 해야 할까요?

"저 사람, 참 좋은 사람이야."라는 말 속에 힌트가 있습니다. 어떤 친구가 좋은 사람처럼 느껴진다면, 단순히 그 사람의 성격 때문만은 아닐 수 있습니다. 오히려 나에게 지나치게 개입하지 않고, 귀찮게 하지 않으며, 적절한 거리를 유지해 주기 때문에 편안한 존재로 다가오는 경우가 많습니다. 반대로, 가족이 '좋은 사람'이 아닐 수 있는 이유는 간섭이 많고 접점이 지나치게 많기 때문입니다.

결국 좋은 사람이란, 말과 행동 이전에 관계에서의 '거리감을 잘 아는 사람'이라고 할 수 있습니다.

이 능력을 우리는 '지혜'라고 부릅니다. 성격이 좋다고 지혜로운 것은 아니며, 지혜롭다고 특정 성격을 가진 것도 아닙니다. 모든 사람에게 좋은 사람이 되고 싶어 하는 욕망은 결국, 자신을 잃는 지름길이 될 수 있습니다. '나는 어떤 사람에게는 좋은 사람이지만, 다른 사람에게는 아닐 수도 있다.'라는 사실을 받아들이는 것, 이것이 지혜로운 삶의 출발점입니다.

나이 들수록 성격이 좋아지는 사람들의 비밀

나이가 들수록 더 까탈스러워지고 고집스러워지는 사람이 있는가 하면, 오히려 너그러워지고 지혜로워지는 사람도 있습니다. 그 차이는 어디서 생겨날까요?

연구에 따르면, 그 결정적인 차이는 성격 유형이 아니라 바로 '개방성'이라는 요소에서 비롯된다고 합니다.

개방성이란, 나와 다른 관점을 받아들이고, 모르는 것을 배우며, 때로는 내가 틀렸다는 사실도 인정할 수 있는 태도입니다. 놀랍게도 이 개방성은 후천적으로 높일 수 있는 성격 특성입니다.

개방성을 높이기 위해서는 다양한 사람을 만나야 합니다. 늘 같은 사람만 만나면 내 세계관에 갇히게 되니까요. 여기서 말하는 다양한 관계는 깊고 끈끈한 관계가 아니라 '느슨하지만 새로운 연결'을 뜻합니다.

그런 연결은 새로운 것을 배울 때 생겨납니다. 요가, 서예, 외국어, 악기 연주 등 무엇이든 괜찮습니다. 배움을 통해 우리는 다른 세대, 다른 가치관, 다른 성격을 가진 사람들과 자연스럽게 엮이게 됩니다. 그 과정을 통해 개방성뿐 아니라 정직, 겸손, 이해심과 같은 성품도 함께 자라나고, 나이 들어도 여전히 존중받고, 성숙한 사람으로 살아갈 수 있게 됩니다.

모든 사람에게 좋은 사람이 되고 싶어 하는 욕망은
결국, 자신을 잃는 지름길이 될 수 있습니다.

'나는 어떤 사람에게는 좋은 사람이지만,
다른 사람에게는 아닐 수도 있다.'라는
사실을 받아들이는 것,
이것이 지혜로운 삶의 출발점입니다.

김경일의
다시 만난
심리학

나를 알아가기

2강

불안과 우울에도 탈출구가 있을까?

- 인간이 가장 싫어하는 감정 '불안'
- 공포영화가 무서운 이유
- 에너지를 만드는 '긴장'
- 긴장과 불안 사이에서 중심 잡는 법
- 예민함과 불안의 상관관계
- 완벽주의자는 철저한 사람이다?
- 완벽주의가 생기는 이유
- 이미 완벽주의자가 되었다면?
- 불안을 놓아두자
- 풍랑 같은 불안, 가뭄 같은 우울
- 우울해지는 이유
- 지능이 높으면 쉽게 우울해진다?
- 우울감에서 빠져나오는 법
- 우울감은 생각 전환의 기회

2강에 들어가기에 앞서

이번 강의에서는 우리가 일상에서 자주 마주하는 대표적인 마음의 병인 '우울'과 '불안'에 대해 이야기해 보려 합니다.

이 둘은 얼핏 비슷해 보이지만, 실제로는 분명히 다른 정서이며, 그렇기 때문에 명확히 구분해서 이해할 필요가 있습니다.

지금 이 순간에도 마음이 불안한 분들, 혹은 이유 없이 가라앉은 기분을 느끼는 분들이 계실 텐데요. 이런 감정들을 에너지의 관점에서 보면 좀 더 쉽게 이해할 수 있습니다. 우리 마음의 상태를 물리적 현상에 비유해 보면 복잡한 감정도 한결 명확해지거든요.

우울은 에너지가 거의 고갈된, 바닥난 상태입니다. 활력이나 의욕이 사라진, 일종의 '가뭄' 상태라 할 수 있죠. 반면 불안은 에너지가 없는 게 아니라, 오히려 넘치는 에너지가 방향을 잃고 요동치는 상태입니다. 그래서 불안은 '풍랑'에 가까운 모습이에요. 물은 있지만 그 흐름이 거세고 불안정한 겁니다.

이처럼 우울과 불안은 전혀 다른 성질의 정서이며, 따라서 접근법도 달라야 합니다. 물이 마른 땅에는 비를 내려야 하고, 거친 파도에는 항로를 바로잡아야 하듯이 말이죠.

이번 강의에서는 이 두 감정의 차이를 더 깊이 들여다보며, 우리 마음을 보다 정확히 이해할 수 있는 시간으로 안내해 드리겠습니다.

인간이 가장 싫어하는 감정
'불안'

저는 이런 말을 자주 합니다.
"심리학은 불안이 없다면 존재할 수 없는 학문이다."

불안만큼 심리학책이나 논문에서 많이 등장하는 단어도 없습니다. 인간이 가장 싫어하는 감정이 바로 불안인데요, 공포도 있고, 외로움도 있고, 스트레스도 있지만, 불안이 가장 싫은 이유는, 뭘까요?

불안할 때 맞으면 진짜 아프고, 불안할 때 외로우면 세상에 나밖에 없는 것 같은 고통을 느끼며, 불안할 때 심심하면 정말 어찌할 바를 모르게 됩니다. 즉, 불안은 이후에 경험하는 어떤 안 좋은 감정들이 주는 고통을 극대화시키는 역할을 하죠. 예를 들어볼까요?

지금은 학교에서 체벌이 사라졌지만, 제가 학교 다닐 때는 체벌이 있었습니다. 학생이 잘못하면 손바닥을 여러 대 맞았는데, 물리학적으로 볼 때, 언제 맞는 게 가장 덜 아플까요? 대부분 맨 마지막에 맞는 게 가장 유리하다고 생각합니다. 왜냐하면 연속으로 때리면 선생님 팔에 힘이 빠지고, 힘이 다 빠진 상태에서 맞는 것보다는 마지막에 맞는 게 더 나으니까요. 하지만 맞아본 사람은 압니다. 맨 마지막에 맞는 학생이 가장 아프다는 걸요.

왜 그럴까요? 앞에서 이미 여러 번 맞는 소리와 비명을 들으면서 심리적으로 거의 패닉 상태가 되기 때문입니다.

이걸 심리학적으로 보면, 불안이 지금 당장 오는 물리적 고통을 더 강하게 느끼도록 증폭시키는 역할을 한 겁니다. 그래서 인간은 불안을 진심으로 싫어합니다.

이것과 관련된 재미있는 연구도 있습니다. 모르핀*과 같은 진통제는 '불안을 동반한 고통'만 경감시킵니다. 즉, 불안하지 않은 상태에서 아픈 사람에게는 모르핀의 효과가 크지 않다는 거죠. 반대로 불안한 상태에서 아프면 고통이 크게 증폭된 상태일 가능성이 큽니다. 그러니 불안한 상태에서 느끼는 고통은 실제보다 더 크다고 이해할 수 있습니다.

---

* 진통제나 마취제로 쓰이는 중독성이 강한 물질

공포영화가 무서운 이유

그러면 우리는 언제 가장 불안할까요? 바로 '불확실할 때'입니다. 모호하고 확실하지 않을 때 불안이 극대화됩니다. 그래서 공포영화가 무서운 거죠.

사실 공포영화를 무섭지 않게 보는 방법도 있습니다.

화면 한쪽 구석에서 카운트다운을 하면서 "6, 5, 4, 3, 2, 1" 이렇게 알려주면 긴장이 많이 풀립니다. 저도 예전에 〈여고괴담〉(1998)이라는 영화에서 복도 끝에서 귀신이 나오는 장면을 학생들에게 카운트다운을 하면서 보여준 적이 있었습니다. 그랬더니 대부분의 학생이 그 장면을 보고 "재미있다." "귀신 표정이 웃기다."라며 즐겁게 보더군요. 저는 거기에 나오는 배우가 최강희 씨인지 그때 알았습니다. 그전까지는 무서운 장면이 언제 나올지 모르는 불확실한 상태에서 보니까 공포감이 증폭됐던 거죠.

인간은 불안, 특히 불확실하고 모호한 상황을 가장 싫어하고, 확실하고 구체적인 것을 선호합니다.

예를 들어, 세탁소가 개업 10주년 기념으로 세탁 가격을 25% 할인해 준다고 할 때와, 세 벌 세탁하면 한 벌이 무료라고 할 때, 사람들은 후자를 훨씬 더 좋아합니다. 수학적으로 보면, 25% 할인이 더 유리할 수도 있는데도 말이죠.

타이어 전문점의 '타이어 세 개 교체 시 한 개 무료'라는 광고도 마찬가지입니다.

보통, 사람들은 타이어를 세 개씩 교체하지 않고 두 개 또는 네 개씩 바꾸는데, 이 광고 때문에 세 개를 교체해 달라고 하는 고객이 늘었다고 합니다.

실제로 제가 그 광고를 진행했던 타이어 가게 사장님께 물어봤는데, "이 광고로 판매량이 무려 세 배 이상 늘었다."라는 답변을 들었습니다.

이처럼 우리는, 확실해 보이는 것에 마음이 끌립니다. 만약 요즘 평소보다 확실한 것에 유난히 마음이 끌린다면, 역으로 지금 내가 불안한 상태일 가능성이 큽니다.

에너지를 만드는 '긴장'

하지만 불안이 꼭 나쁜 것만은 아닙니다. 우리는 불안을 잘 활용해야 합니다. 불안은 우리를 움직이게 하는 에너지이자 동력입니다. 예를 들어 내일 시험이 있는데 불안하지 않으면 시험 공부를 하지 않겠죠. 불안하기 때문에 공부하고 준비하는 합리적인 행동을 하게 됩니다.

만약 시험이 있는데도 마음이 너무 평온하다면, 시험을 잘 볼 확률

이 낮아집니다. 과도한 불안은 문제지만, 적당한 불안은 우리가 일을 하고 성장하는 데 필수적인 요소로 작용합니다.

즉, 불안은 적당한 수준에서 느껴져야 하며, 행동으로 이어질 때 긍정적인 역할을 합니다. 불안할 때 그냥 가만히 있으면 불안이 더 커져서 아무것도 못 하게 되는 악순환이 발생할 수 있습니다.

하지만 불안한 상태에서 행동을 하면 불안이 적당한 수준으로 유지되고, 다시 행동을 하는 선순환 구조가 만들어집니다. 불안할 때는 무언가를 해야 한다는 뜻입니다. 이 '무언가를 하게 만드는 에너지'를 우리는 '긴장감'이라고도 합니다.

긴장은 '무언가를 하기 위한 준비 상태'로, 다른 것에 신경 쓰지 않고 한 가지에 집중하는 상태입니다. 하지만 긴장감과 불안감 모두 너무 크면 오히려 아무것도 못 하게 만듭니다.

긴장은 초점을 맞추는 것이고, 불안은 일의 앞뒤에서 느끼는 초조함이라고 할 수 있습니다. 결국 답은 '적정한 수준을 유지하는 것'입니다. 긴장도 불안도 없으면 안 되고, 너무 많아도 안 됩니다. 긴장을 해소한다는 것은 좋은 긴장을 유지하는 것과 같습니다.

긴장과 불안 사이에서 중심 잡는 법

그럼 어떻게 해야 적정한 수준의 긴장과 불안을 유지할 수 있을까요?

답은, '무언가를 여러 번 반복하는 것'입니다. 한 번에 몰아서 크게 하는 식은, 잠깐의 위안을 줄 수는 있을지 몰라도 실제로 좋은 결과를 만들기 어렵다는 걸 우리 뇌는 이미 잘 알고 있습니다.

혹시 시험이나 중요한 면접을 앞두고 계신가요? 그렇다면 단번에 완벽하게 준비하려고 하기보다는, 하루를 여러 구간으로 나눠 시험에 나올 내용이나 면접 준비를 조금씩 여러 번 반복해서 보는 것이 좋습니다. 심리학자들은 이것을 이렇게 표현합니다.

'100점짜리 행동 한 번보다 10점짜리 행동을 열 번 하는 것이 더 효과적이다.'

이렇게 하면 뇌가 이것을 루틴으로 인식하고, 준비 상태는 유지하면서, 과도한 불안은 줄어들게 만듭니다. 그렇게 반복하다 보면, 뇌는 '아, 이건 계속해서 해야 하는 행동이구나.'라고 인식하게 되는 거죠. 비록 단기적인 행동이라도, 뇌는 점차 그것을 루틴처럼 받아들이게 됩니다.

이런 식으로 반복적인 행동을 잘 이어가는 사람들을 우리는 흔히 '루틴이 발달된 사람들'이라고 부릅니다.

잘 아시겠지만, 세계적인 운동선수들처럼 탁월한 성과를 낸 사람들부터, 성공한 기업가들에 이르기까지, 그들의 뛰어난 업적은 대부분 루틴에서 비롯되었습니다. 그러니 불안해질수록 루틴을 만들어 보고, 긴장 상태가 심하다고 느껴질 땐 작은 준비를 여러 번 반복하는 식으로 조절하는 것이 필요합니다.

예민함과 불안의 상관관계

많은 분들이 이런 질문을 하시더라고요.
"저는 일반적인 사람들보다 불안이 좀 더 높은 것 같아요."
요즘엔 이렇게 말씀하시는 분들도 정말 많습니다.
"전 너무 예민한 것 같아요."

최근 'HSP*'라는 용어도 자주 쓰이는데요, 심리학적으로는 예민함에도 개인차가 크고, 그 특성도 매우 다양합니다.
HSP라는 개념은 1990년대, 심리학자 일레인 아론 Elaine Aron이 제안한 것입니다. 예민함은 타고난 신경 체계의 차이에서 비롯된다고 보았죠. 즉, 환경 자극에 대한 감각 처리 방식 자체가 다르다는 뜻입

---
* Highly Sensitive Person, 매우 예민한 사람

니다. 이런 차이는 선천적인 요소와 후천적인 경험이 결합되어 나타납니다.

불안도가 높은 사람은 여러 자극에 예민하게 반응하고 스트레스도 쉽게 받지만, 그만큼 세밀하고 깊은 사고를 할 수 있다는 장점도 있습니다. 따라서 '불안하다' '예민하다'라는 말이 반드시 부정적인 것만은 아닙니다.

대부분 사람들은 불안하다는 감정을 '내가 잘 해내지 못할 것 같다.'라는 비관적인 기준에서 비롯된다고 생각합니다. 하지만, 그 비관이 왜 생겼는지, 그 기준이 어디서 왔는지는 깊이 생각해 보지 않는 경우가 많습니다.

예를 들어볼게요. 제가 지금 강의를 하고 있습니다. 그런데 만약 제가 전혀 불안하지 않다면, 그 이유는 뭘까요? '나는 이걸 잘 해낼 거야.'라고 조금도 의심하지 않기 때문이겠죠. 하지만 저는 지금 꽤 불안합니다. 왜일까요? '이걸 내가 잘 해낼 수 있을까?' 하는 의심이 들기 때문이겠죠.

그렇다면 저는 어떤 근거로 자신감을 갖기도 하고, 반대로 불안해하기도 할까요? 그건 바로 '내가 설정한 기준이 얼마나 높고 낮은가'에 따라 달라집니다.

제가 '이번 강의에서 사람들에게 불안이라는 단어 정도만 이해시켜도 충분해.'라고 생각한다면, 그건 굉장히 낮은 기준이죠. 또는 '그냥 불안이라는 주제에 대해 대강이라도 인식만 심어주면 돼.'라고 생각한다면, 이 역시 낮은 기준입니다. 하지만 '오늘 강의를 통해 많은 분들이 불안을 정확히 이해하고, 그에 대처하는 방법까지 알아가며, 나아가 불안한 사람이 가진 긍정적인 면모에 대한 통찰까지 얻었으면 좋겠다.'라고 생각한다면, 그건 굉장히 높은 기준이죠.

결국, 기준이 낮을수록 덜 불안하고, 기준이 높을수록 더 불안해진다는 걸 알 수 있습니다. 이건 일의 난이도나 내가 상대해야 하는 사람의 능력과는 별개의 문제입니다.

제가 아무리 세계 최고의 축구선수들과 경기를 하게 되더라도, 만약 누군가가 와서, "김 교수님, 경기 중에 공에 발만 한번 대셔도 이기는 겁니다." 이렇게 극단적으로 낮은 기준을 제시하면, 저는 세계적인 선수들과 뛰더라도 오히려 가벼운 마음으로 경기에 임할 수 있을 겁니다.

하지만 반대로, 저처럼 운동을 거의 하지 않는 중년 아저씨들과 팀을 이뤘다고 가정해 봅시다. 그리고 누군가가 이렇게 말합니다. "오늘 반드시 이겨야 합니다." 그렇다면 그건 상상을 초월할 정도로 높은 기준이 되겠죠. 저는 아마 너무 불안해서 아무것도 하지 못할 겁니다.

즉, "제가 불안한 사람입니다."라는 말은 사실, "제가 기준이 높은 사람입니다."라는 말로 바꿔 생각해 볼 수 있습니다.

그렇다면, 그 분야에서 기준이 높은 사람들을 우리는 뭐라고 부를까요? 그 분야에 적성이 있는 사람, 그 일에 재능이 있는 사람, 혹은 그 일에 관심이 많은 사람이라고 하죠.

이렇게 정리해 보면, 불안하다는 것은 내가 약하다는 뜻이 아닙니다. 또한, 어떤 사람도 모든 순간, 모든 영역에서 불안해하는 것은 아닙니다. 유독 특정 분야나 시점에서 불안이 높게 나타나는 것이죠. 그런데 그 불안한 분야에서 내가 더 열심히 노력하고 무언가 해내기 위해 애쓴다면, 오히려 내가 가진 높은 기준과 적성 위에 그 일을 해낼 수 있는 더 큰 가능성을 발견하게 될 수도 있습니다.

실제로 음악에 재능이 있는 사람들은 악기를 연주할 때 아주 작은 실수에도 민감하게 반응하며 불안감을 느낍니다. 위대한 화가들도 자신에게 맞지 않는 붓 하나만으로도 상당한 불편함을 호소합니다.

그러니 만약 내가 어떤 일에서 유난히 불안하다면, 그 순간이 오히려 나의 잠재력을 발견할 수 있는 기회일 수 있습니다.

강점이 약점이 되기도 하고, 역량이 외로움을 낳기도 하며, 한 사람이 가장 힘들어하는 지점에 그 사람의 진짜 가능성이 숨어있는 경우도 많습니다. 인간이 가진 양면성의 본질이죠. 이 불안을 잘만 활용하면, 무언가를 성취하고 자신을 발견할 수 있는 귀중한 기회가 될 수 있습니다. 그러나 불안을 둘러싼 요소들을 지나치게 예민하게 받아들이거나 잘못 다루게 되면, 방향이 비뚤어지고 왜곡된 모습으로 성장해 갈 수도 있습니다. 대표적인 예가 바로 완벽주의입니다.

완벽주의자는 철저한 사람이다?

요즘 많은 분들이 '완벽주의'에 대해 고민을 털어놓습니다.

"저희 반에 완벽주의 친구가 있는데 하필 제 짝이에요. 좀 힘들어요."

"저희 부장님이 완벽주의자이신 것 같아요. 이분 때문에 요즘 너무 힘들어요."

"제 아이가 완벽주의 성향을 보이기 시작했어요. 제가 그렇게 만든 것 같아 미안하고 걱정됩니다."

최근 들어 완벽주의라는 말은 과거보다 훨씬 부정적인 의미로 많이 사용되고 있습니다. 20~30년 전만 해도 "저 친구는 완벽주의자야."라는 말은, '일을 끝까지 해내는 꼼꼼한 사람' '철저한 사람'이라는 긍정적인 의미로 쓰였습니다.

그러나 요즘은 다릅니다. 심리학을 전공한 저로서도 느끼는 부분이지만, 대중들, 특히 한국인들은 지난 10~20년 동안 심리학에 대해 많은 관심을 가지고 공부하며 익숙해져 왔습니다. 이제는 완벽주의라는 말을 예전처럼 긍정적으로만 쓰지 않게 됐죠.

심리학자들도 완벽주의를 좋은 의미로 사용하지 않습니다. 왜냐하면, 완벽주의는 단순히 '일을 잘하고 싶다.'라는 의욕이 아니기 때문입니다. 그것은 높은 기준과 실패에 대한 두려움, 자기비판과 불안이 복합적으로 작용하는 심리적 특성을 의미합니다.

따라서 우리는 완벽주의를 단순히 열심히 하려는 태도가 아닌, '불안과 왜곡된 기준의 상호작용'으로 이해할 필요가 있습니다.

완벽주의가 생기는 이유

완벽주의는, '이 일은 오로지 나만의 힘으로 한 거야.'라는 생각에서 출발합니다. 그래서 협업이나 누군가의 조언, 혹은 작은 도움을 받아 문제를 해결하는 과정을 별로 중요하게 여기지 않죠. 어찌 보면 참 서글프고 외로운 생각입니다.

반면, 완벽주의가 없는 건강한 사람들은 이렇게 생각합니다. 시험에서 20문제 중 2개를 틀려 90점을 받았다면, 틀린 문제를 잘 푼 친구에게 가서, "너는 이거 어떻게 풀었니?"라고 묻고 답을 배우죠. 그렇게 하면 비교적 빠른 시간 안에 실수를 고칠 수 있습니다.

하지만 완벽주의가 있는 사람은 같은 상황을 훨씬 어렵게 만듭니다. 두 문제를 틀려 90점을 받았어도, 그 두 문제를 오로지 자기 힘으로만 해결해야 한다고 생각해서 아무에게도 묻지 않는 겁니다. 이건 '스스로 일을 처리한다.'라는 독립성, 자율성과는 전혀 다른 문제입니다.

여러분이 이 강의를 들을 수 있는 것도 수많은 사람들의 협업 덕분이라고 할 수 있습니다. 인터넷을 발명한 사람, 방송을 촬영한 사람, 그리고 이 강연을 만들기 위해 함께 일하는 많은 사람이 있기에 가능한 일이죠. 모든 게 나 혼자만의 힘으로 된 게 아닙니다.

따라서 '내 일은 내가 책임진다.'라는 독립적인 책임감은 꼭 필요하지만, '내 일은 오로지 나 혼자 해야 한다.'라고 생각하는 건 어리석은 태도입니다. 바로 그 생각이 완벽주의의 본질입니다.

그렇다면 완벽주의는 어떻게 만들어질까요? 주로 불안한 상태에서 무언가를 잘못했을 때 과도한 처벌이나 지나친 질책, 비난을 받았을 때 생깁니다. 잘못했을 때는 질책과 처벌이 필요하지만, 어느 정도가 적절한지에 대한 고민은 부족한 경우가 많죠.

어린이든 성인이든 지나치게 강한 질책이나 감당하기 어려운 처벌을 받으면, 그 사람은 자신에게 심리적 완벽주의의 함정에 빠질 가능성이 큽니다.

이미 완벽주의자가 되었다면?

이미 '나는 뭘 조금만 잘못해도 남한테 묻지도 못하고, 조언도 구하지 못하는 사람이다.'라고 느껴지신다면, 이미 상당히 깊은 완벽주의 안에 들어와 계신 걸 수도 있습니다. 그럴 땐 어떻게 해야 할까요?

사람은 기본적으로 기브 앤 테이크 give and take, 주면 받고 받으면 주는 존재입니다. 그래서 내가 누군가에게 '도움을 청하지 못하는 성향'이라면, 먼저 남을 돕는 것부터 시작해 보는 것이 좋습니다. 사회적으로 취약한 분들을 적극적으로 도와보는 겁니다. 그러면 희한하게도, 강자에게는 묻지 못하던 완벽주의적 마음이 이렇게 도움받는 분들에게는 좀 더 열리기 시작합니다. 그러면서 나도 모르게 의외의 질문을 그분들에게 하게 되고, 그 질문들이 마중물이 되어 점차 다양한 질문, 그리고 대화로 이어지게 되죠.

이런 작은 실천이 '나도 질문할 수 있는 사람이다.'라는 습관의 출발점이 되기도 합니다. 그래서 저는, 누군가를 돕는 행위 자체가 결국 나를 더 지혜롭고 성장하게 만드는 길이 아닌가 생각합니다.

불안을 놓아두자

성장과정이나 발달 과정에서 중요한 점은, 우리 모두 아직 다 자라지 않았다는 사실을 잊지 말아야 한다는 겁니다.

'나 이 정도면 다 컸지 않을까? 벌써 60세인데.'라고 생각할 수도 있지만, 사실 60세라고 해서 다 성장한 것은 아닙니다. 예전에는 60세 이상 사는 사람이 많지 않았기에 어느 정도 맞는 생각이었을지 모르지만, 이제는 60세가 인생의 반환점일 뿐입니다. 70대, 80대, 90대, 심지어 100세까지도 계속 성장해 나가야 합니다.

그렇기 때문에 '적정한 불안'이 무엇인지, 그리고 불안한 상태에서 받는 메시지나 대화가 적절한 수준인지, 스스로 자주 점검하고 고민하는 습관이 필요합니다. 우리는 60세가 넘어서도 앞으로 수십 년 동안 전혀 경험해 보지 못한 새로운 길을 걸어야 하기 때문입니다.

불안은 우리에게 여러 길을 보여줍니다. 심리적 완벽주의라는 극단적인 길도 있고, 정반대인 심리적 자포자기의 길도 있습니다. 이 두 극단 사이, 즉 중용의 길을 잘 찾아가며 균형을 잡는 것이 중요합니다. 불안은 우리가 무언가 행동하게 만드는 중요한 신호이므로, 이를 마중물 삼아 작은 움직임부터 시작해 보세요.

중요한 자리에서 갑자기 위축된다면, 심호흡을 하거나 몸을 이완시키는 간단한 동작을 해보는 겁니다. 그러면 우리 뇌가 '감당할 만한 상황'임을 인지하고 점차 더 나아가도록 도와줍니다.

자주 받는 질문이 있습니다.

"내일이 결승전인데, 제가 우리 야구팀 유격수예요. 실수할까 봐 너무 걱정됩니다. 어떻게 하면 이런 생각을 안 할 수 있을까요?"

솔직히 말씀드리면, 불안한 생각 자체를 완전히 없애는 것은 불가능합니다.

'흰곰 효과'를 아시나요? "흰곰을 생각하지 마세요."라고 하면 오히려 계속 떠오르는 것처럼, 삼진을 당하는 것 같은 불안한 생각을 억지로 지우려 하면 그 생각이 더 강해질 수밖에 없습니다.

하나 더 알려드릴까요? 제가 불안을 느낄 때마다 하는 행동이 있는데, 그게 바로 동전 던지기입니다. 앞면이 나오면 컴퓨터 폴더, 뒷면이 나오면 책상 서랍. 이렇게 하나를 정하는 거죠. 그리고 그 정해진 공간을 간단히 정리하는 겁니다. 컴퓨터 폴더 하나, 서랍 한 칸. 이렇게 정리하고 나면 뇌가 이렇게 느껴요.

'아, 나는 정리가 잘된 사람이야. 나는 준비된 사람이야.'

이런 정돈의 경험이 나를 진정시키는 데 작게나마 도움이 됩니다. 그런데 이럴 때 '대'자가 들어간 정리를 하면 큰일 납니다. '폴더 대청소' '서랍 대정리'처럼 크게 잡으면 더 불안해질 수 있어요. 작게, 그러나 확실하게 해치울 수 있는 범위를 정하는 게 핵심입니다.

국가대표선수들이 월드컵과 같은 큰 경기를 앞두고 미니 게임이나 좁은 구장에서 족구를 하며 몸을 푸는 것도 같은 이유죠. '나는 준비되고 있다.' 이런 생각이 불안을 다스리는 데 굉장히 효과적입니다.

그리고 이런 방법도 있습니다. 불안한 생각을 막으려 하지 말고, 그 대신 '홈런을 쳐서 환호받는 장면'을 상상해 보는 겁니다. 기분 좋고 신나는, 긍정적인 장면을 마음속에 그리면서 불안한 생각을 자연스럽게 밀어내는 거죠. 그러면 불안한 생각이 발을 딛는 면적이 점차 좁아진다는 것을 느끼게 됩니다.

 불안한 생각을 완전히 없애지 않아도 괜찮습니다. 내가 긍정적인 생각을 계속 해보는 것만으로도 뇌는 그 차이를 분명히 인지합니다. 불안과 긍정, 두 가지 모두 일어날 수 있으니 너무 비관적으로만 생각하지 마세요.

풍랑 같은 불안, 가뭄 같은 우울

 그렇다면 이번에는 불안과는 다른 측면이면서도, 많은 분들이 경험하는 '우울'에 대해 이야기해 보겠습니다. 제가 불안이 풍랑과 같다면 우울은 가뭄과 같다고 말씀드렸죠? 우울은 사람을 무기력하게 만듭니다.

 최근에는 우리나라의 우울증 환자가 100만 명에 이르렀다는 기사를 어렵지 않게 볼 수 있습니다. 진단받은 분들이 이 정도이니, 실제 우울을 겪는 분들은 훨씬 더 많겠죠. 제 주변에도 우울증으로 진단받고 약물치료를 받고 계신 분들이 적지 않습니다. 이는 심리학자들도 많이 겪는 일이라는 뜻이니, 너무 자책하거나 속상해하지 않으셨으면 좋겠습니다. 사람은 살아가면서 반드시 한두 번 이상 심각한 우울을 경험합니다. 그러니 우울을 '내가 부족해서 겪는 일'로 생각하지 말아야 합니다.

그렇다면 '우울하다'는 것은 무슨 뜻일까요?
무언가 할 의욕이 생기지 않는 상태를 말합니다. 저 역시도 일주일에 몇 번, 한 달에 몇 번, 심지어는 일 년에 수십 번씩 우울을 겪습니다. 이를 '우울감'이라고 하죠.

하지만 우울증은 좀 다릅니다. 우울증이란 우울감 때문에 '부적응 증세'가 나타나는 상태입니다. 부적응적이라는 것은, 예를 들어 경제활동을 해야 생활이 가능한데, 우울감이 너무 심하고 오래 지속돼서 출근을 하지 못하거나 학교에 가지 못하고, 집안일조차 제대로 할 수 없는 등 일상생활에 지장이 생기는 것을 뜻합니다. 이런 상태를 우리는 '우울증'이라고 부릅니다. 단순한 무기력과도 다릅니다. 무기력이란, 말 그대로 '에너지가 없는 상태'를 뜻합니다.

반면, 우울하다는 것은 에너지는 있지만 어디로 써야 할지 몰라 막힌 상태입니다. 우리가 가뭄을 겪을 때 물이 완전히 사라진 게 아니라, 단지 물이 필요한 데까지 닿지 못한 것이라고 생각하듯이, 우울도 마찬가지입니다. 에너지가 있지만 그 에너지가 흐르지 못하는 상황인 거죠. 그래서 우울감이나 우울증에서 벗어나려면 '물꼬를 트는' 과정이 필요합니다. 지금부터 말씀드리는 모든 내용은 '어떻게 하면 이 물꼬를 잘 틀 수 있을까?' 하는 차원에서 이해해 주시면 좋겠습니다.

우울해지는 이유

우리는 왜 우울해질까요? 이를 알기 위해선 '우울에 취약한 상태'를 먼저 이해해야 합니다. 마음의 문제를, '내가 못나서' 겪는다고 생각하지만, 사실 모든 심리 문제는 내가 '취약한 상태'에 있기 때문에 발생합니다.

몇 년 전 힘들었던 코로나를 떠올려 보세요. 누가 코로나에 잘 걸렸나요? 못난 사람이나 바보 같은 사람이 아니죠. 면역력이 떨어져 감염에 취약한 상태인 분들이었습니다.

노화로 인해 건강이 안 좋아지신 분도 있었고, 지나친 업무로 피로가 심해지신 분, 술을 많이 마셔 단기적으로 신체 능력이 떨어지신 분들도 있었습니다. 그래서 심리학자들은 '우울증 환자'라는 표현보다 '우울에 취약한 상태가 오래 지속되는 사람'이라는 말을 더 자주 씁니다.

그렇다면 우울에 취약한 사람은 누구일까요? 대표적으로 '외로운 사람'과 '신체 능력이 떨어진 사람'입니다. 외로움과 고립감, 그리고 신체 능력 저하가 함께 겹치고, 여기에 자신이 하는 일이 잘 안 풀린다는 부정적인 관찰까지 더해지면, 이른바 '퍼펙트 삼위일체'가 완성됩니다. 이런 과정이 계속되면, 단순한 우울감이 아닌 치료가 필요한 우울증 증세로 발전할 수 있습니다. 따라서, 우리는 에너지를 쓸 수 있도록 물꼬를 터야 합니다.

그렇다면 물꼬를 트지 못한 상태를 뭐라고 표현할까요? '괴리'라고 합니다. 예를 들어 농업용수는 물이 필요한 논으로 가야 하는데, 엉뚱한 방향으로 흘러가면 '필요한 곳과 실제로 가는 곳에 괴리'가 생기죠. 우울도 마찬가지입니다. 현실과 생각의 괴리가 클수록 우울감이 생기기 쉽습니다. 그래서 이 괴리를 좁히는 것이 중요합니다. '현실은 A인데, 내 생각은 B다.'라는 괴리를 줄여야 한다는 뜻입니다.

우리는 종종 이렇게 말하죠. '행복하니까 웃는다.' 하지만 반대로, '웃으니까 행복하다.'도 맞는 말입니다. 실제로 많은 연구에 따르면 웃음이 기쁨과 행복을 불러오는 경우가 80~90%에 달한다고 합니다. 물론 웃어도 우울한 사람이 있지만, 그 이유는 '현실과 생각의 괴리' 때문입니다. 특히 연예인이나 사회적으로 유명한 분들이 우울감을 많이 느끼는 것도 현실과 자신의 이미지 간 괴리가 크기 때문입니다.

만약 그 괴리를 좁히지 못한다면, 다른 방향에서 괴리를 줄이는 지혜가 필요합니다. 이런 경우 대개 '화려한 모습'이나 '권위 있는 이미지'와 실제 모습 사이의 괴리에서 우울이 오기 때문에, 오히려 소박하고 평범한 일상적인 활동을 주기적으로 하는 게 도움이 됩니다. 결국, 어디선가 괴리를 줄여야 우울감을 다스릴 수 있다는 겁니다.

지능이 높으면 쉽게 우울해진다?

재미있는 질문 중 하나는, '지능이 높은 사람이 우울감을 더 많이 느끼는가?'입니다. 어느 정도 상관은 있지만, 지능이 높아서 우울감을 겪는다고 보기는 어렵습니다. 즉, 상관관계이지 인과관계는 아니라는 뜻입니다.

지능이 높은 사람들은 더 많은 도전과 시도를 하기 때문에 더 많은 좌절도 겪습니다. 야구선수로 비유하면, 경기에 더 많이 나간 타자가 더 많이 아웃될 수밖에 없듯이 말이죠. 하지만 그만큼 성취감도 더 많이 경험합니다. 그러니 지능이 높다고 해서 '더 우울하다.'라고 단순히 결론 내리면 안 됩니다. '지능이 낮은 게 낫다.'라는 말도 아닙니다. 우울감도 자주 경험하고, 성취감도 자주 느끼는 삶이 오히려 더 풍요로운 인생일 수 있습니다. 특히 인생이 길어진 시대에, 우울감도 성취감도 거의 경험하지 않는 삶은, 매우 지루하고 힘들 수 있습니다.

우울감에서 빠져나오는 법

마지막으로, 주변에 우울한 가족이나 친구가 있다면 어떻게 도와줄 수 있을까요? 우울한 분들은 완전히 방전된 자동차는 아니지만, 시동이 걸리지 않는 상태와 비슷합니다. 시동을 걸 때 횃불을 들고 가나요? 엄청난 전원을 공급하나요? 아니죠. 살짝 스파크가 필요한 겁니다. 그 스파크가 바로, '그 사람이 좋아하는 것'이죠.

예를 들어, 우울한 분이 떡볶이를 좋아한다면, 떡볶이 한 판을 사다 주는 게 좋은 의도일 수 있지만, 너무 많은 떡볶이를 한꺼번에 주면 오히려 부담이 되고 더 우울해질 수 있습니다.

저처럼 떡볶이를 잘 먹는 사람도 떡볶이 한 판을 앞에 두면 순간적으로 물러나거나 먹다가 질려버릴 수도 있어요. 우울증이 심한 분들은 좋아하던 떡볶이조차 감당하지 못하고 거부할 수 있습니다. 그래서 중요한 것은 '적당한 크기의 스파크'를 주는 겁니다.

실제로 저는 어느 날, 우울감이 깊어져 결국 우울증으로 접어든 분에게 떡볶이를 사다 드린 적이 있습니다. 그런데 그냥 드리지 않았어요. 편의점에서 소주잔처럼 아주 작은 컵을 사서, 그 안에 떡볶이를 딱 세 개만 꽂아드렸습니다. 그리고 일부러 장난스럽게 말했죠.

"떡볶이 사왔어요!"

그러면 그분은 어이없어합니다. 우울증을 앓고 있는 사람에게서 거의 볼 수 없는 반응이죠. 왜냐하면 '어이없음'이라는 감정은 어느 정도 상황에 대한 주도권이 있을 때 나오는 감정이거든요. 그다음엔 이렇게 물으셨어요.

"겨우 이거 사온 거예요?"

저는 또 장난스럽게 답합니다.

"이 정도면 괜찮은 양 아닌가요? 먹어봐요. 맛있다니까요!"

그러면 그분은 떡볶이를 한 손으로 받습니다. 두 손으로 받을 필요가 없을 만큼 작은 양이니까요. 그런데 이 '한 손으로 받는 행동' 역시, 우울증 환자에게서는 거의 볼 수 없는 모습입니다.

우울증을 겪는 분들은 식탁 위의 밥조차 간신히 한 숟갈씩 떠먹습니다. 그런데 이분은 마치 코끼리가 케이크를 꿀꺽 삼키듯, 그 떡볶이를 단숨에 호로록 드셨습니다. 심지어는 "더 없어요?"라는 말까지 하셨죠. 그 순간, 뇌는 아주 묘한 착각을 하게 됩니다.

'어? 나 지금 우울하지 않은가 봐. 오히려 좀 갑질하는 사람 같은데? 나 혹시 탐욕스러운 사람인가? 욕심꾸러기인가?'

이런 착각이, 아주 작지만 중요한 물꼬가 되는 겁니다. 바로 이런 식으로 우울감에서 빠져나오는 거죠.

제가 좋아하는 책 중에 백세희 작가의 『죽고 싶지만 떡볶이는 먹고 싶어』(흔, 2018)가 있어요. 전문 심리학자의 책은 아니지만, 저자는 자신의 시각으로 우울에 대해 아주 담담하고도 감동적으로, 그리고 재치 있게 이야기를 풀어갑니다. 결국, 한 가지 주제에 대해 오래, 깊이 고민해 본 사람은 누구나 훌륭한 심리학자가 될 수 있다는 뜻으로도 볼 수 있어요.

그래서 저는, 우울감을 해소하고 싶다면 '강도'보다 '빈도'에 집중해야 한다고 말씀드립니다. 나를 살짝 만족시켜 줄 수 있는 작은 이벤트나 경험을 자주 만드는 것, 그게 훨씬 효과적이에요. 그리고 그 작은 경험들을 기록해 두는 겁니다. 기록이 없으면, 아무리 부자라도 '무엇이 나를 행복하게 하는지'를 금방 잊게 되고, 다시 우울해질 수 있기 때문이죠. 우울은 극복하는 것이 아니라 '살짝 빠져나와야 하는' 감정입니다. 그래서 '내가 우울할 때 어떤 행동을 하면 물꼬를 틀 수 있는가'를 생각하는 게 정말 중요합니다. 이런 행동을 많이 알고 있을수록 우울감에서 빠져나오는 데 큰 도움이 되죠.

제가 참 좋아하는 가수, 아이유 씨. 아이유 씨는 우울감이 느껴질 때마다 작은 물꼬를 트기 위해 설거지를 한다고 해요.

저는 스쿼트를 합니다. 어떤 분은 손안에서 호두를 굴리기도 하고요, 두더지잡기게임을 하거나, 청소를 하기도 합니다. 사람마다 각자의 뇌가 정답을 갖고 있는 거예요. 이런 리스트를 잘 알고, 많이 가지고 있을수록, 우울감이 와도 빠르게 잘 빠져나올 수 있습니다. 거창할 필요 없습니다. 우울하다고 해서 '의욕이 없다.'라고 단정 짓기보다, '의욕을 만들어야 할 상태'라고 생각하는 게 좋습니다.

운동도 마찬가지입니다. 큰 결심이 아니라, 가볍게 근육에 긴장감을 주는 작은 마사지 동작이나 팔을 잡고 살짝 당기는 스트레칭 같은 것들도 효과가 있습니다. 이런 작은 움직임은, 누군가와 함께할 때

▲ 우울감에서 빠져나오는 법

더 잘 작동합니다.

마지막으로, 우울감을 악화시키는 최악의 말이 있습니다. 바로, "내 그럴 줄 알았어."라는 말입니다.

우리는 사실 어떤 일이 일어날지 잘 모릅니다. 그럼에도 불구하고 "내 그럴 줄 알았어."라고 말하면, 우리 뇌는 운명론이나 필연적 패배론, 혹은 미신적 사고에 빠지기 쉬워지죠. 그러니 이렇게 한번 말해보세요.

"아, 몰랐어."
"와, 진짜 몰랐네."
"꿈에도 생각 못 했어."

이렇게 흔쾌히 '놀라주는' 태도가 뇌를 학습하게 만듭니다.

'우리 주인이 놀랐구나? 그럼 그 이유를 공부해서 다음에 대비해야지.'

그렇게 뇌는 교훈을 기억해 두고, 다음에 대비하려 하죠. 이걸 심리학에서는 '학습하는 뇌'라고 부릅니다.

우울감은 생각 전환의 기회

우울감이 오는 것, 결코 이상한 일이 아닙니다. 문제는 그걸 다루지 못했을 때, 우울증으로 이어질 수 있다는 점이죠. 하지만 우울증이 왔다고 해서, 혹은 지금 우울감을 느낀다고 해서, 우리에게 방법이 없다는 뜻은 아닙니다. 작은 물꼬를 틀 수 있는 방법은 언제나 존재합니다. 그걸 꾸준히 배우는 것이 심리학이고, 또 우리가 계속해서 공부해야 할 이유이기도 합니다.

기억해야 할 것은, 우리가 겪고 있는 어려움은, 상당 부분 나의 '장점' 때문에 생긴 걸 수 있다는 사실입니다. 예를 들어볼까요?

창의적인 사람은 때때로 세상에 나 혼자 있는 것 같은 단절감을 느낍니다. 왜일까요? 세상과 다른 의견을 낼 때마다 주목을 받지만, 그만큼 주변과의 거리도 함께 생기기 때문이죠. 외향적인 사람은 오히려 혼자만의 시간을 갖지 못해 괴로워합니다. 늘 사람들과 어울리는 능력이 오히려 자기 자신을 돌볼 시간을 빼앗기도 하거든요.

지금 우울하고 불안하신가요? 그렇다면 그건 결코 여러분이 부족해서도, 못나서도 아닙니다. 오히려 많은 경우, 여러분이 지닌 역량과 장점에서 비롯된 감정일 수 있어요. 그러니 이렇게 생각하셨으면 합니다.

"나는 왜 이렇게 우울할까?" "나는 왜 이렇게 불안해할까?" 하고 좌절하기보다는, "아, 내가 이런 감정을 느낄 만큼 민감하고 섬세한 역량을 가지고 있구나. 그럼 이 기회에 그 장점을 한번 제대로 들여다보자." 이렇게 생각을 바꿔보는 것만으로도 큰 힘이 될 수 있습니다.

우리는 왜 우울해질까요?
이를 알기 위해선
'우울에 취약한 상태'를 먼저 이해해야 합니다.

**마음의 문제를,
'내가 못나서' 겪는다고 생각하지만,
사실 모든 심리 문제는
내가 '취약한 상태'에 있기 때문에 발생합니다.**

김경일의
다시 만난
심리학

나를 알아가기

3강

스트레스와 외로움을 이기는 방법

- 스트레스를 받는 한국인, 외로움을 느끼는 일본인
- 괴로운 것보다 외로운 게 더 나쁘다
- 스트레스는 왜 몸을 아프게 할까?
- 현명한 스트레스 해소법
- 스트레스를 받았을 때 범하는 실수
- 스트레스를 풀 시간이 없다?
- 외로움은 극복해야 하는 것일까, 즐겨야 하는 것일까?
- '남의 감탄에 목매는 삶'에서 벗어나기
- 나의 '사회성 용량' 파악하기
- 느슨하고 다양한 관계의 필요성
- 잠을 잘 못 자는 사람이 더 외롭다

3강에 들어가기에 앞서

문화심리학자 한민 박사는 인생을 이렇게 표현하더군요.
'인간은 스트레스로 힘들게 살아가다. 인생의 끝자락에서 외로움을 직면한다.'

스트레스로 시작해 외로움으로 끝나는 여정이 곧 우리의 삶이라는 말인데요. 실제로 심리학자들 사이에서도 이 이야기는 자주 회자됩니다. 왜일까요?

그 이유는 우리가 주변에 많은 사람이 있을 때 주로 겪는 감정이 스트레스이며, 반대로 주변에 아무도 없을 때 더 크게 다가오는 감정이 외로움이기 때문입니다.

2강에서 다뤘던 불안과 우울이 주로 나의 내면에서 비롯되는 감정이라면, 이번에 다룰 스트레스와 외로움은 타인과의 관계 속에서, 또는 사회적 환경 속에서 더 많이 비롯된다고 볼 수 있습니다. 다시 말해, 불안과 우울이 '내면의 문제'라면, 스트레스와 외로움은 '관계의 문제'에 더 가깝다고 할 수 있죠.

이번 강의에서는 스트레스와 외로움이 심리적으로 어떤 메커니즘을 통해 우리 마음속에 자리 잡는지 살펴보고, 조금 더 가볍고 단단한 마음으로 일상을 살아갈 수 있도록 도와주는 심리학적 통찰과 실용적인 방법들도 함께 나눠보려 합니다. 이 두 감정을 제대로 이해하는 것만으로도, 우리가 느끼는 부담감이나 막막함이 한결 덜어질 수 있습니다.

스트레스를 받는 한국인, 외로움을 느끼는 일본인

　많은 문화심리학 연구에서 한국은 '스트레스성 사회', 일본은 '외로움을 느끼는 사회'로 분류되곤 합니다. 즉, 한국은 심리적 어려움의 근원이 스트레스에서, 일본은 외로움에서 더 많이 비롯된다는 것이죠. 그렇다면 스트레스와 외로움은 어떻게 다를까요?

　외로움은 만나고 싶은 사람을 만나지 못하는 고통입니다. 반면 스트레스는 만나기 싫은 사람을 만나야 하는 고통이죠. 그래서 일본을 '외로운 사회', 한국을 '괴로운 사회'라고 표현하기도 합니다. 이런 차이는 문화적으로도 매우 중요한 차이를 만들어 냅니다.

　일본은 오랜 시간 외부 침략이 거의 없었던 나라입니다. 그래서 내부의 질서와 규율이 매우 중요하게 자리 잡았죠. 반면 한국은 수많은 외부의 침략을 겪으며, 내부 질서보다는 능동적이고 순간적인 적응력이 중요한 가치로 자리 잡게 되었습니다.
　이러한 문화적 특성은 사회적 태도에서도 드러납니다. 일본 사회

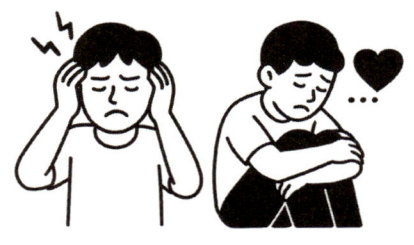
▲ 스트레스와 외로움

는 '선을 넘지 않는 것'을 중시하며, 타인의 일에 함부로 개입하지 않습니다. 반면 한국 사회는 '선을 넘는 문화'라고 할 수 있을 정도로, 참견이 일상처럼 여겨지기도 합니다. 그래서 '우리는 참견의 민족이다.'라는 농담도 있죠.

물론, 그렇다고 해서 한국인이 외로움을 느끼지 않는 건 아니고, 일본인이 스트레스를 경험하지 않는 것도 아닙니다. 다만 강조되는 정도의 차이일 뿐입니다.

이렇듯 스트레스와 외로움에 대한 이해와 대처는 수많은 사람들과 관계를 맺고, 또 이별과 만남을 반복하며 살아가는 인생에서 무엇보다도 중요한 주제가 아닐까 싶습니다.

본격적으로 스트레스를 이해하기 전에, 먼저 외로움을 살펴보려고 합니다. 왜냐하면, 내 주변에 '없는 상태'를 이해하고 나면, '있는 상태', 즉 스트레스를 이해하는 것이 더 수월해지기 때문입니다.

최근 대부분의 수명 지표에서 한국이 일본을 추월하고 있는 것으로 나타났습니다. 이건 한국 사람들도 놀라고, 일본 연구자들도 놀라는 변화입니다. 왜냐하면 오랫동안 일본은 '대표적인 장수국가'로 인식되어 왔기 때문이죠. 하지만 의학과 과학 기술력이 크게 차이나지 않음에도, 한국의 수명 증가 속도가 더 두드러진다는 점은 한번쯤 눈여겨볼 만한 변화입니다.

**괴로운 것보다
외로운 게 더 나쁘다**

심리학자들은 흔히 이렇게 말합니다.
'스트레스보다 더 무서운 것이 외로움이다.'
왜일까요? 스트레스는 비교적 대처가 가능하고, 사회적 지원만 잘 이루어지면 관리할 수 있는 감정입니다. 하지만 외로움은 다릅니다. 외로움은 관리하기도 어렵고, 벗어나기도 쉽지 않습니다. 왜냐하면 외롭다는 건 주변에 사람이 없다는 것이고, 사람이 많을 때는 줄일 방법이라도 있지만, 사람이 없을 때는 그 외로움을 줄이기조차 어렵기 때문입니다.

물론, 사람 수 자체가 많다고 해서 반드시 스트레스를 받고, 적다고 해서 반드시 외로움을 느끼는 것은 아닙니다. 하지만 인간관계를 이루는 양과 질이 외로움이나 스트레스에 크게 영향을 미친다는 건 부정할 수 없는 사실입니다.

유럽에서는 외로움 문제를 심각하게 받아들이면서, 외로움을 전담하는 정부 부처까지 생겨났습니다. 대표적인 예가 바로 영국의 '외로움부(Ministry for Loneliness)'입니다.

그렇다면 왜 이렇게까지 외로움이 중요하게 다뤄질까요? 그리고 왜 스트레스와 외로움을 구분해서 접근하려는 경향이 생겨나고 있을까요? 그 이유는 명확합니다.

외로운 사람은 스트레스를 많이 겪는 사람보다 더 일찍 사망하는 경향이 있다는 것이 역학적으로 입증되고 있기 때문입니다. 또한, 외로운 사람일수록 병의 진행 속도도 빠르다는 연구 결과들이 관찰되고 있죠. 그래서 저는 종종 이렇게 말합니다.

"괴로운 것보다 외로운 게 더 나쁘다."

문제는 우리 한국 사회도 이제 외로움이라는 문제를 결코 외면할 수 없는 수준에 이르렀다는 겁니다. 어떤 학자들은 한국이 점점 일본과 유사한 사회적 성격을 띠고 있다고 말하기도 하죠.

스트레스는
왜 몸을 아프게 할까?

 스트레스를 받으면 마음만 힘든 게 아니라 몸도 아프다고 느낍니다. 왜 그럴까요? 스트레스는 본래 정신적인 문제처럼 보이지만, 특히 대인관계에서 오는 스트레스는 '사회적 고통'이라는 이름으로 신체 반응을 일으킵니다. 신기하게도, 우리의 뇌는 신체적 고통과 사회적 고통을 명확하게 구분하지 않습니다. 뇌의 전측대상회피질(Anterior Cingulate Cortex, ACC)는 뼈가 부러지거나 살이 찢어졌을 때의 통증뿐만 아니라, 인간관계에서 배신당하거나 따돌림당했을 때의 정서적 고통도 같은 방식으로 처리합니다.

 그래서 어떤 신경과학자는 이렇게 말합니다.

 "우리의 뇌는 뼈가 부러지고 살점이 떨어져 나가는 고통과, 사람 때문에 겪는 감정적 고통을 하드웨어적으로 크게 구분하지 않는다."

 몸이 다쳤을 때 우리는 어떻게 하나요. 잘 먹고, 잘 자고, 혈액순환이 잘되게 몸을 잘 풀어주죠. 스트레스도 똑같습니다. 정신력만으로 이겨내려 하거나, 이를 단지 정신적인 문제로만 다루려는 태도는 오히려 뇌의 특성을 무시한 접근입니다. 그래서 저는 스트레스를 받을 때 농담처럼 이렇게 말합니다.

 "어제 괴한에게 망치로 세 대 맞았어."

"어제 운전하다가 덤프트럭에 치였어."
그러면 사람들은 이렇게 묻습니다.
"진짜? 피는 안 났어? 뼈는 괜찮아? 부러진 데는 없어?"

뇌는 실제로 몸이 다친 것처럼 스트레스를 받아들입니다. 그러니 스트레스를 받을 때도, 잘 먹고, 잘 자고, 몸을 잘 풀어주는 것이 가장 기본이자 중요한 회복 방법입니다.

우리는 스트레스를 완전히 피할 수 없습니다. 스트레스를 안 받는다는 것은, 곧 세상과 교류하지 않고 산다는 뜻이기 때문입니다. 그래서 스트레스를 완전히 없애는 방법보다, 스트레스를 관리하고 회복하는 방법을 배우는 것이 더 중요합니다.

"스트레스에 강한 성격이 따로 있나요?"
많은 분들이 이렇게 질문합니다. 결론부터 말씀드리면, 스트레스에 강한 성격은 없습니다. 다만 스트레스를 잘 대처하고 회복할 수 있는 자기만의 방식이 있는 사람이 있을 뿐입니다.
이런 사람은 스트레스를 자기 성격의 장점을 보여줄 수 있는 터닝포인트로 활용합니다. 하지만 그렇지 못한 사람은 반복해서 자기 단점만 드러내며 미성숙한 상태에 머물게 되죠. 그러니 스트레스를 '강하다, 약하다'로 평가하기보다는, '스트레스를 잘 이겨낼수록 내 안에 회복력이라는 근육이 자란다.' 이렇게 생각하는 것이 좋을 겁니다.

현명한 스트레스 해소법

그럼, 이제 스트레스와 외로움에 잘 대처하는 것이 인생에서 얼마나 중요한지 살펴보겠습니다. 먼저 스트레스부터 이야기해 보죠. 이런 얘기 들을 때마다 답답하지 않으신가요?

"스트레스받지 마."

저 역시 말할 때마다 참 막막하고 죄송한 느낌이 듭니다.

"긴장 풀어."

이 말도 그렇죠. 위로처럼 들리지만 사실 아무런 대책도 담겨있지 않아요. 이런 말은 들을 때도, 할 때도 너무 막연합니다. 그렇다면 우리는 스트레스를 어떻게 이해하고 접근해야 할까요?

스트레스에 대한 사전적 정의는 다양하지만, 심리학적으로 스트레스란, '통제권을 잃었을 때 느끼는 부정적인 감정들의 총체'라고 볼 수 있습니다. 여기서 중요한 건 '부정적 감정'이 아닙니다. 핵심은 '통제권이 없다.'라는 감각입니다.

즉, 고통이나 문제의 크기 그 자체보다 '그 문제를 내가 조절할 수 있느냐 없느냐'가 스트레스의 정도를 좌우합니다. 통제권이 있으면 꽤 큰 문제라도 스트레스를 덜 느끼고, 통제권이 없으면 사소한 일도 크게 느껴지는 거죠.

예를 들어 볼까요? 제가 직장 생활을 하고 있는데, 상사가 저에게 이렇게 말합니다.

"김 부장, 일 이거밖에 못 해? 이렇게 하다간 해고될 수도 있어."

게다가, "머릿속에 뭐가 들었는지는 모르겠네." 이런 말까지 들으면 저는 심리적으로 매우 위축되고 스트레스를 받겠죠.

그런데 상상해 보세요. 제가 책상으로 돌아와 상사의 이름이 적힌 인형을 꺼냅니다. 그리고 압정으로 그 인형을 찌를 때마다, 실시간으로 상사가 "아야!" 하고 괴로워하는 상황이 펼쳐진다면요? 핸드폰으로 그 장면을 확인할 수도 있다면요?

물론 상상에 불과하지만, 이런 설정은 한 가지를 상징적으로 보여줍니다. 통제권이 나에게 있다는 느낌이 들면, 스트레스를 받지 않는다는 겁니다. 따라서 우리가 해야 할 일은 '통제권을 가져라.'와 같은 추상적인 주문이 아니라, 통제권을 회복할 수 있는 작고 구체적인 행동을 하는 겁니다.

예를 들면, 한 번도 안 가본 골목길을 누군가와 함께 걸어보는 거죠. 왜 하필 그런 길이어야 할까요? 스트레스를 받았을 때는 어떻게든 '행동'을 해야 합니다. 그런데 많은 사람들이 착각합니다. '큰 스트레스는 큰 변화를 통해 풀어야 한다.'라고 생각하죠. 그래서 직장에서 받은 스트레스를 해소하려고 유럽 여행을 떠나기도 하지만, 막상 가면 말도 안 통하고, 표지판도 잘 안 읽히고, 어디 가서 돈 계산하고 지불하는 방식도 낯설고요. 그래서 더 스트레스를 받는 상황이 생깁니다.

▲ 스트레스 해소에 도움이 되는 산책

스트레스를 줄이려면 변화가 필요하긴 하지만, 그 변화는 '작고, 구체적'이며 '통제 가능'해야 합니다. 이 세 가지가 균형을 이뤄야 진정한 회복이 가능합니다.

내가 평소에 가보지 않았던 동네나, 자주 다니던 길의 옆길…. 이렇게 익숙하지만 조금은 낯선 곳을 누군가와 함께 걸어보세요. 그 사람이 내 옆에서 가볍게 도움을 줄 수 있는 동반자라면 더욱 좋습니다. 스트레스를 강하게 느낄 때는 이렇게 작고 구체적인 변화, 그리고 함께하는 사람이 필요합니다.

저는 페퍼톤스의 〈공원여행〉이라는 곡을 참 좋아합니다. 일상의 스트레스를 어떻게 이겨낼 수 있는지를 뮤지션이 심리학자보다 더 잘 이해하고 표현한 곡이죠. 이 노래가 주는 기분처럼, 가까운 골목을 누군가와 함께 걸어보는 것만으로도 충분한 회복이 될 수 있습니다.

마지막으로, 명상은 스트레스를 해결하는 데 도움이 될까요?

요즘 명상은 더 이상 계곡에서 도인이 하는 것이 아닙니다. 세계적인 IT 기업들, 한국의 대기업들도 명상 프로그램을 운영하고 있죠. 하지만 명상은 만병통치약이 아닙니다. 명상의 본질은 '생각에서 벗어나 새로운 시선으로 바라보는 것'입니다. 마음을 편안하게 하고, 상황을 다르게 바라보게 하는 효과는 탁월하지만, 모든 스트레스에 적용되지는 않습니다. 예를 들어, 해결 가능한 문제로 인한 스트레스라면, 명상보다 문제해결이 더 우선입니다. 반면에, 해결할 수 없는 문제를 받아들여야 하는 경우라면, 명상이 매우 효과적인 조력자가 될 수 있습니다.

예상치 못하게 다른 부서로 발령이 났습니다. 비록 원치 않은 변화였지만, 이제는 이 상황에 잘 적응하는 것이 중요합니다. 심리학자들은 이럴 때 문제해결에 초점을 맞춘 접근이 효과적이라고 조언합니다.

예를 들어, '이 부서에서는 내가 해보지 못했던 영업 감각을 키울 수 있을 거야.' '나는 개발자는 아니지만, 개발자와 협업하면서 새로운 능력을 키울 기회가 될 수도 있어.' 이렇게 부서를 옮긴 상황에서 작고 구체적인 이득과 기회를 자주 떠올리는 것이 스트레스를 이겨내는 데 도움이 됩니다.

반대로 '원래 부서가 더 좋았는데….' '부서 이동은 어차피 회사가 결정하는 일이니까 그냥 따르자.'와 같은 태도는 현실을 왜곡하거나 수동적으로 받아들이는 자세입니다. 이런 태도는 상황을 해결하기보다는 회피하는 데 가까워 오히려 심리적인 부담을 키울 수 있습니다.

물론 어떤 문제는 내 의지로 해결할 수 없는 경우도 있습니다. 예컨대 내가 원하지 않는 시점에 해직당했거나, 정말 하고 싶지 않은 일을 맡게 된 경우처럼 말이죠. 이런 상황은 받아들일 수밖에 없는 일입니다.

바로 이럴 때 명상이 효과적인 접근법이 될 수 있습니다. 명상은 과거에 대한 회한과 미련으로부터 나의 생각을 '지금 여기'로 옮기는 데 도움을 줍니다.

스트레스에 대한 가장 중요한 사실은, 모든 스트레스를 해결해 줄 만병통치약은 없다는 점입니다. 스트레스는 유형마다 다르고, 그에 따라 효과적인 대처법도 달라지기 때문입니다. 그래서 중요한 것은 '이런 스트레스에는 이런 방식이 나에게 잘 맞더라.'라는 식의 개인적인 데이터베이스, 다시 말해 나만의 노하우를 쌓아가는 일입니다.

이 노하우가 축적되면 스트레스에 대한 회복력도 점점 높아집니다. 그래서 우리는 나이가 들수록 스트레스를 더 잘 이겨내는 사람들을 많이 보게 됩니다.

반면, 청소년기나 청년기에는 같은 스트레스도 훨씬 더 크고 막막하게 느껴지곤 하죠. 그만큼 아직 경험이 부족하고, 대처법이 축적되지 않았기 때문입니다.

스트레스를 받았을 때
범하는 실수

스트레스를 해소하는 방법을 의외로 모르는 분들이 많습니다. 그래서 많은 분들이 술을 마시죠. 물론 저도 마십니다. 하지만 술에 대해 꼭 알아두셔야 할 게 있어요.

술은 두 단계로 작용하는데요, 먼저 우리의 진정 기제 자체를 마비시킨다는 점입니다. 그래서 평소에 억눌렸던 감정들이 쏟아지죠.

그다음 단계는 진정입니다. 흔히 '시체가 된다.'라고 표현하기도 하죠. 이는 술이 감정을 진정시키는 장치를 마비시켜서 생기는 현상입니다. 일시적으로는 기분이 좋아질 수 있지만, 바로 그 때문에 실수나 후회를 남길 수 있다는 점을 항상 유의해야 합니다.

술 자체가 스트레스를 해소해 주는 건 아닙니다. 오히려 술을 통해 스트레스를 풀겠다면, 그 방식은 매우 신중해야 하는 거죠.

예를 들어, 직장에서 스트레스를 받았을 때 그 직장 동료와 술을 마시는 건 좋은 선택이 아닙니다. 왜냐하면 같은 공간과 기억을 공유한 사람에게 필요 이상의 감정을 터뜨릴 경우, 다음 날 더 큰 2차 스트레스를 겪을 가능성이 높기 때문입니다. '내가 어제 왜 그랬을까. 그 친구가 그 얘기를 딴 데 가서 소문내면 큰일 날 텐데.' 하고 불안해하면서 말이죠.

이럴 땐 어떻게 해야 할까요? 내 일을 잘 모르는 사람, 내 스트레스 상황과 무관한 사람과 가볍게 대화를 시작하세요. 그러면 내가 사용하게 되는 언어도 점점 더 일반적이고, 따뜻한 방향으로 바뀝니다. 특정한 상황을 정당화하기 위한 '악한 언어'가 아니라, 누구나 이해할 수 있는 '보편적 언어'로 감정을 표현하게 되는 것이죠.

저는 스트레스를 받을 때마다 아주대학교에서 멀리 떨어진, 수원시 인계동에서 카센터를 운영하는 친구를 찾아갑니다. 그 친구는 제가 일하는 학교의 구조를 전혀 모르기 때문에, "총장님이 나를 좀 섭섭하게 하시네."라고 하면 "총장이 누구야?"라고 되묻습니다. 그러다 보면 저도 모르게 한 번 웃게 되고, 차분히 설명하는 사이에 마음이 한결 누그러진 것을 느끼게 됩니다.

이처럼 평소에 다양하고 느슨한 관계를 만들어 두는 것도 스트레스 관리의 중요한 열쇠가 됩니다. 모든 관계가 하나의 직장, 하나의 동네에만 몰려있다면, 스트레스를 해결할 출구가 막히기 때문이죠.

또 하나, 스트레스를 받은 상태에서 가장 만만한 사람에게 화를 내거나 감정을 터뜨리는 일은 대개 후회로 이어지기 마련입니다. 이건 반드시 피해야 할 행동입니다.

『설득의 심리학』의 저자 로버트 치알디니 Robert Cialdini를 비롯한 많은 심리학자들이 이렇게 말합니다.

"우리는 힘들고 어려울 때, 착한 사람을 골라 그에게 화풀이하는 실수를 저지른다."

여기서 중요한 개념이 바로 '만만함'입니다.

우리는 때때로, 진짜 만만한 사람과, 착해서 만만하다고 느껴지는 사람을 구분하지 못합니다. 선한 사람을 만만하다고 착각해서 무의식적으로 분풀이를 하는 경우가 많죠. 하지만 꼭 기억해야 할 것이 있습니다. 이런 식으로 스트레스를 풀다 보면, 결국 좋은 사람들이 먼저 내 곁을 떠나게 된다는 겁니다.

그런 사람들은 스스로를 보호하기 위해 점점 나에게서 멀어지고, 결국 내 곁에는 나쁜 사람들만 남게 되는 상황에 놓이게 됩니다. 이건 소시오패스도 마찬가지입니다. 선한 사람을 괴롭히던 그들조차, 결국 더 악한 소시오패스에게 당하게 됩니다. 주위에 좋은 사람들이 다 떠났기 때문이죠.

그러니 스트레스를 약한 사람, 선한 사람에게 푸는 습관은 반드시 고쳐야 합니다. 그것은 나 자신과의 관계뿐 아니라, 내가 맺고 있는 인간관계를 가장 빠르게 무너뜨리는 최악의 습관입니다.

스트레스를 풀 시간이 없다?

여기까지 들으시고는, "잘 알겠는데, 저는 시간이 없어서 스트레스를 풀 수가 없어요." 혹시 이런 분들 계신가요? 그렇다면 제가 이렇게 말씀드리고 싶습니다.

그러면 화장실은 어떻게 가셨나요? 화장실에 갈 시간 정도만 있어도 스트레스를 완전히 해소하지는 못하더라도, 뇌에 '나는 지금 스트레스를 풀고 있어.'라는 신호는 줄 수 있습니다. 다시 한번 강조하지만, 스트레스는 큰 방법이나 긴 시간으로 푸는 게 아닙니다. 먼저 내가 가진 시간이 얼마나 되는지를 확인해 보고, 그 짧은 시간 안에 어떤 작은 방법으로 스트레스를 풀 수 있을지를 자주 고민하고, 찾고, 기록하고, 계속해서 경험해 보는 것이 중요합니다.

저의 경우, 스트레스를 풀 시간이 30분밖에 없다면 칼국수를 먹습니다. 왜냐고요? 저는 칼국수가 영혼을 맑게 해주는 음식이라고 느끼거든요. 이유는 잘 모르겠습니다. 제 뇌가 칼국수를 먹을 때마다 무언가 이완감을 느낀다는 기억을 가지고 있기 때문이겠죠. 만약 5분밖에 없다면 저는 제 몸을 주무릅니다. 1분밖에 없다면 심호흡을 다섯 번에서 열 번 정도 합니다.

이렇게 저는 주어진 시간에 맞춰 적절한 방법들을 동원합니다. 그러면 뇌가 이렇게 말하는 것 같아요.

"그래도 김경일, 너 참 성의는 있다. 나도 최선을 다해볼게."

스트레스에 결코 자포자기하지 않겠다는 의지를 뇌와 자아가 함께 만들어 가는 겁니다. 서로 분리되지 않고, 이별하지도 않는, 최고의 협력관계를 만드는 거죠.

외로움은 극복해야 하는 것일까, 즐겨야 하는 것일까?

자, 이제 외로움에 대해 이야기해 보겠습니다. 많은 분들이 이렇게 묻습니다.

"외로움을 꼭 극복해야 하나요? 그냥 즐기면 안 되나요?"

사실 이런 질문은 정말 많은 철학자들이 끊임없이 스스로와 세상에 던져온 질문입니다. 그리고 그 철학적 고민의 대부분은 결국 외로움과 고독을 구분하는 데서 출발합니다. 고독은 혼자만의 시간 속에서 생각이 깊어지는 것이고, 외로움은 혼자 버려져서 생각조차 멈춰 버리는 상태입니다. 그래서 심리학자들은 외로움을 '고통'이라고 표현하고, 고독은 '즐길 수 있는 것'이라고 말합니다.

그렇다면 고독을 즐긴다는 건 어떤 의미일까요? 그것은 바로 혼자 있는 시간을 어떻게 보내고, 더 나아가 어떻게 의미 있게 쓸 수 있는지를 안다는 겁니다.

혼자 있는 시간을 괴로워하지 않고, 독서와 레저 등 다양한 활동으로 채우는 사람들이 있습니다. 이런 활동에 돈과 시간을 들이는 이유는, 외로움에 휩싸이지 않고 오롯이 그 시간을 즐기기 위해서입니다.

▲ 독서와 레저 등 다양한 활동으로 즐길 수 있는 혼자만의 시간

문화심리학자 김정운 박사는 이렇게 말합니다.

"혼자 있는 시간을 의미 있게 보내지 못하면 외로움에 견디지 못해 나쁜 관계로 도피하게 되고, 그러한 관계에서 또다시 고통을 겪으며 그 고통을 견디지 못해 다시 외로움으로 도피하는 악순환이 반복된다."

이 악순환은 참 고통스럽습니다. 나쁜 관계에서 상처받고, 다시 외로움으로 돌아오고, 그 외로움이 또다시 나쁜 관계를 불러오는 이 순환은 쉽게 끊어지지 않습니다.

'남의 감탄에 목매는 삶'에서 벗어나기

그런데 왜 어떤 사람들은 취미도 많고 활동도 많은데도 여전히 외로움을 느낄까요? 김정운 박사는 그 이유를 '인정투쟁'이라는 개념에서 찾습니다. 인정투쟁은 철학자 헤겔Hegel이 사용한 개념으로, 타인의 인정을 통해서만 자신의 존재와 정체성을 확인하려는 태도를 말합니다.

한국 사회에는 이런 인정투쟁적 삶이 깊이 뿌리박혀 있습니다. 그래서 남의 시선과 감탄에 목매는 삶을 사는 경우가 많습니다.

김정운 박사는 이런 삶을 쉽게 표현합니다. '남의 감탄에 목매는 삶'이라고요. 그리고 그 대안으로 '내가 나에게 감탄할 수 있는 삶'을 제안합니다. 취미 활동의 목적이 남의 감탄을 얻는 것이 아니라, 나 자신이 나의 성장을 느끼고 감탄할 수 있는 방향이어야 한다는 거죠.

그렇다면 나는 언제 나 자신에게 감탄할까요? 바로 내가 '성장하고 있다는 느낌'을 받을 때입니다. 경쟁적인 취미보다는, 내가 몰랐던 것을 새로 배우고 알아가는 과정 속에서 성장의 기쁨을 느끼는 취미가 필요합니다.

하지만 그렇지 못한 사례도 자주 목격됩니다.

얼마 전, 50대 중반의 동창들과 가벼운 산행을 나간 적이 있었습니다. 저는 운동화에 청바지, 면 티셔츠 차림으로 갔는데, 대다수가 마치 에베레스트를 등반할 것 같은 전문 등산 장비와 복장을 갖추고 왔습니다. 그중에는 새로 산 등산복을 입은 친구도 있었고요. 하지만 저를 비롯해 소박한 복장으로 온 친구들만 현재까지 꾸준히 산행을 이어가고 있습니다.

남의 시선보다 나 자신의 성장에 집중하는 취미가 결국 더 오래가는 법입니다. 외로움을 관리하고, 고독을 즐기기 위해서는 무엇보다 자기 자신에게 감탄할 수 있는 경험이 중요하다는 점을 기억해 주세요.

나의 '사회성 용량' 파악하기

외로움을 이겨내기 위해 사람을 적극적으로 만나는 것이 좋은 방법인지에 대한 질문도 자주 받습니다. 왜냐하면 사람을 만나서 도움이 됐다는 분과, 오히려 더 힘들어졌다는 분이 나뉘기 때문입니다.

이건 마치 술과 같습니다. 술이 도움이 되려면 내 주량을 알아야 하듯, 사람을 만나는 것도 내 사회적 에너지, 즉 '사회성의 주량'을 알아야 합니다.

예를 들어볼까요? 믿기 어려우시겠지만 저는 모든 성격 검사에서 '내향적 성격'으로 나옵니다. 하지만 내향적이라는 것이 사람을 싫어하거나 낯을 가린다는 의미는 아닙니다. 단지 짧은 시간 만날 수 있는 사람의 수가 적을 뿐이죠.

저는 모르는 사람과 식사를 하거나 교류하는 것을 일주일에 한 번 이상 하지 않습니다. 한 번은 잘 해낼 수 있지만, 두 번째부터는 버겁습니다. 그래서 첫 번째 저를 만나는 분은 저를 굉장히 외향적인 사람으로 오해하지만, 두 번째 분은 제가 피곤해 보인다고 말하곤 합니다.

사회성은 성격이 아니라 에너지의 양입니다. 청소년기나 청년기에는 사회적 실수가 어느 정도 용서되지만, 중년이 되면 그 에너지를 보다 효율적으로 사용해야 합니다. 내게 맞는 사회성의 용량을 파악하고, 그 안에서 사람을 만나는 것이 외로움으로부터 건강하게 벗어나는 방법이 될 수 있습니다.

월요일에 만난 사람에게는 밝은 얼굴로 대했지만, 금요일에 만난 사람에게는 피곤하고 무뚝뚝하게 대한다면, 그 이유야 어찌 됐든 상대방은 쉽게 이해하지 못할 수도 있습니다. 중년이라면, 이제는 나의 사회성의 용량을 정확히 알고 말할 수 있어야 합니다.

저는 새로운 사람을 만나 저녁을 함께하고 대화를 나누며 인맥을 넓히는 일이, 일주일에 한 번, 한 달에 네 번 정도면 적당하다고 느낍니다. 그 이상은 실수를 하기 쉽고, 오히려 관계에 상처를 줄 수 있습니다. 저는 이것이 저에 대해 잘 알고 있는 중요한 정보라고 생각합니다. 이렇게 해야만 사회적으로 번아웃이 되는 일을 막고, 외로움을 스스로 초래하는 상황도 피할 수 있습니다.

느슨하고 다양한 관계의 필요성

'인생에 친구 몇 명만 있으면 외로움은 다 해결된다.'라는 단순한 이야기를 무작정 믿어선 안 됩니다. 외로움을 줄여주는 사람의 수는 사람마다 다릅니다. 외롭지 않으면서도 번잡하지 않은, 나에게 딱 맞는 관계의 밀도와 숫자 역시 개인마다 다른 법이죠. 정답은 없습니다. 그러니 '친구 몇 명만 있으면 된다.'라는 식의 일괄적인 기준은 결코 옳지 않습니다.

인간은, 느슨하지만 다양한 인간관계를 가질 때 외로움을 더 효과적으로 달랠 수 있습니다. 삼국지의 유비·관우·장비처럼 깊고 강한 혈맹이나, 피를 나눈 듯한 관계만이 우리에게 위안이 되는 건 아닙니다. 오히려 그런 관계들만을 좁고 깊게 맺고 있다면, 그중 단 한 사람을 잃었을 때에도 배신감과 상실감이 몇 배로 크게 다가와 인생 전체를 고통스럽게 만들 수 있습니다. 그래서 우리는, 외로움이란 감정을 마주할 때, 깊고 가까운 관계만큼이나 느슨하고 다양한 관계에도 고마움을 느낄 줄 알아야 합니다.

잠을 잘 못 자는 사람이
더 외롭다

 마지막으로, 외로움을 이기는 의외의 방법 하나를 소개하며 마무리해 보려 합니다. 이건 정말 '전가傳家의 보도寶刀'와 같은 방법입니다. 바로, 잠을 잘 자는 것, 즉 '양질의 수면'입니다.

 심리학자들이 수십 년 동안 꾸준히 연구해 온 주제가 있습니다. '잠을 못 자면 외로워질까, 아니면 외로운 사람이 잠을 못 잘까?'라는 물음이죠. 물론 두 가지 모두 실제로 일어나는 일이지만, 여러 연구 결과를 보면, 잠을 잘 못 자는 사람이 외로움을 더 많이 느끼는 경향이 더 뚜렷하게 나타납니다. 즉, 잠을 잘 자야 외롭지 않을 수 있다는 겁니다. 저는 기회가 있을 때마다 우리가 수면을 얼마나 중요하게 생각해야 하는지를 강조해 왔고, 앞으로도 그럴 겁니다.

 잘 자는 법을 아는 것, 그리고 자신이 지금 제대로 자고 있는지를 파악하는 것은 중요한 기술이자 역량입니다. '그냥 누웠는데 잠이 안 와요.'라고 말하는 건, 마치 '책을 봤는데 머리에 안 들어와요.'라고 말하는 것과 같습니다. 그만큼 무책임한 표현이라는 거죠.

 혹시 '외로움을 피하려고 잠에 도피하는 것 아닐까?'라는 생각이 드시나요? 하지만 앞서 말씀드렸듯이, 외롭다고 해서 잠이 잘 드는 것은 아닙니다. 반대로 잠을 못 자면 더 외로워진다는 게 더 정확한 설명입니다. 좋은 수면을 위해서는 노력과 관심, 그리고 경험이 필요합니다. 여러분의 수면을 조금 더 적극적으로, 책임감 있게 관리해 보시기 바랍니다.

나는 언제 나 자신에게 감탄할까요?
바로 내가 '성장하고 있다는 느낌'을 받을 때입니다.

경쟁적인 취미보다는,
내가 몰랐던 것을 새로 배우고 알아가는 과정 속에서
성장의 기쁨을 느끼는 취미가 필요합니다.

김경일의
다시 만난
심리학

더 나은 내가 되기

4강

성공하는 인생의 필수 조건

- 나에게 성공이란?
- 진정한 성공은 무엇일까?
- '성공한 사람'과 '성인'의 차이
- '작은 행복'은 고난과
  시련을 이겨내는 도구
- 개방적인 태도는 성공을 부른다?
- 하기 싫은 일을 하면서도
  성공할 수 있을까?
- 목표는 꼭 커야 성공할까?
- 우선순위 먼저 정하기
- 채찍과 당근은 한 세트로

4강에 들어가기에 앞서

지난 시간까지는 '나를 이해하고 분석할 수 있는 심리학' 이야기를 중심으로 살펴봤는데요. 4강부터는 방향을 조금 바꿔, '나를 더 나은 사람으로 만들어 주는 심리학', 다시 말해 삶에 실질적인 변화를 일으킬 수 있는 심리학을 세 강의에 걸쳐 소개하려고 합니다.

그 첫 번째 시간으로, 많은 분들이 관심을 보이실 것 같은 주제, '성공에 가까워질 수 있는 심리학'에 대해 이야기해 보겠습니다.

우리는 목표를 어떻게 세우고, 그 목표를 실제로 어떻게 실천에 옮길 수 있을지 고민합니다. 또, 실패했을 때는 어떻게 다시 일어설 수 있을지에 대해서도 막막함을 느끼곤 하죠.

이번 강의에서는 이와 같은 고민에 심리학이 어떤 도움을 줄 수 있는지 살펴보려고 합니다.

많은 분들이 이렇게 말합니다.
"성공하고 싶다." "성공해야 한다." "성공했구나."
그런데 문득 이런 생각이 들기도 하죠.
'과연 성공이란 무엇일까?'

우리가 말하는 성공에는 어떤 의미가 담겨있을까요?
이번 시간은 바로 그 질문에서부터 시작해 보려 합니다.

나에게 성공이란?

이런 질문을 참 많이 받습니다.

"교수님, 교수님에게 성공이란 무엇인가요?"

그때마다 제 대답은 이렇습니다.

"성공은 사람마다 다를 수 있습니다."

자기만의 정의가 반드시 있어야 한다는 거죠. 왜 그럴까요?

이건 '부자들 중에도 왜 불행한 사람들이 존재하는가?' 하는 문제와도 깊이 연결돼 있습니다.

얼마 전에도 1,000억 원이 넘는 자산을 가진 분이 정신적으로 크게 괴로워하다 병원에 입원한 사례를 보았습니다. 그분은 혈액순환 문제, 관절 통증 등으로 일상생활이 불가능해질 정도로 몸 상태가 악화됐는데요, 의학적으로는 화병에 가까운 상태였어요. 자신의 감정을 조절하지 못해 신체적으로도 이상이 생긴 거죠. 외국 연구자들조차 한국인의 화병을 특별하고도 독특한 심리적 현상이라고 보기도 합니다. 그분은 왜 화병에 걸렸을까요?

이유는 단 하나였습니다. 경쟁심을 느끼는 지인이 '자기보다 200억 원 더 많은 자산을 가지고 있다는 사실'을 알게 된 거죠. 이 이야기를 들으면 많은 분들이 이렇게 반응합니다.

"1,000억 원이 있는데, 1,200억 원 가진 사람을 부러워하다니!"
"1,000억 원 있으면 됐지, 그걸로 열등감을 느끼다니 말도 안 돼!"
"나 같으면 1억 원만 있어도 아무 걱정 안 하겠다."

하지만 우리가 알다시피, 큰 부자들끼리의 상속 문제에서도 이런 말들이 자주 오갑니다.
"형제에게 1원도 줄 수 없다."
이 이야기를 하다가 제가 '동생한테 만 원은 줄 수 있다.'라고 농담하자, 제 동생이 한참을 웃더군요. 뭐, 저희는 그렇게 큰 부자가 아니니까요.
제가 드리고 싶은 말씀은, 단순히 '부자는 불행하다.'라는 얘기가 아닙니다. 부자들 중엔 자기 삶을 충분히 즐기며 살아가는 분들도 있죠. 하지만 무시할 수 없는 비율로, 더 불행한 삶을 사는 부자들도 존재한다는 사실입니다. 왜 그럴까요? '부자란 무엇인가'에 대한 자신만의 정의가 없기 때문입니다.

예전에 한 강연에서 어떤 분이 저한테 이런 질문을 한 적이 있었어요.
"교수님에게 부자의 정의는 무엇인가요?"
저는 이렇게 말했습니다.
"사대문 안에 있는 주차장에 차를 세워도 주차비가 아깝지 않으면,

그게 부자다."

그리고 또 하나.

"서점에 가서 내가 좋아하는 책을 가격에 구애받지 않고, 손에 잡히는 대로 살 수 있으면 그 또한 부자다."

물론 이 몇 가지로 정의를 다 할 순 없겠죠. 하지만 이런 소소한 기준들을 쌓아가다 보면, 어느 순간 나에게 의미 있는 기준이 생깁니다. '어디까지 벌고, 어디까지 쓰고, 언제쯤 다른 행동을 할지'에 대한 의미가 만들어지는 거죠.

성공도 마찬가지입니다. 성공이 중요하긴 하지만, 자기만의 정의가 없다면 성공을 이루기 어렵습니다.

제가 생각하는 성공의 정의는 이렇습니다.

'많은 사람들에게 선한 영향력을 미칠 수 있는 정도의 위치나 힘을 갖는 것.'

그렇다면, '많은 사람'이란 누구인지, 나는 어떤 사람에게 연민을 느끼고, 어떤 이들에게 관심을 가지는지, 이 질문을 던져야 합니다.

저는 자립 준비 청년들에게 큰 관심이 있습니다. 부모나 가족이 없어 아동기와 청소년기를 보호시설에서 지낸 뒤, 이제 홀로 사회로 나와야 하는 청년들이죠. 20~30년 전부터 저는 그런 청년들을 볼 때마다 마음이 쓰였습니다. '나는 부모님으로부터 사랑과 지원을 많이 받았는데, 왜 그 청년들은 사랑과 지원 없이 세상을 시작해야 할까.' 그 사실이 참 속상하고 미안하더군요.

그래서 저는 그분들에게 선한 영향력을 줄 수 있는 힘과 위치를 가지면, 그게 곧 성공이라고 정의합니다. 하지만 이것이 완성된 정의는 아닙니다. 이건 지금, 55세인 저의 성공의 정의일 뿐이죠. 앞으로 더 나이를 먹고, 성장하면 여기에 무언가 더해질 수도, 빠질 수도 있습니다.

진정한 성공은 무엇일까?

그런데 이런 성공의 정의가 왜 중요할까요? 자기만의 정의가 있는 사람만이 왜 열심히 살아야 하는지, 무엇을 위해 살아야 하는지에 대한 이유와 동기를 가질 수 있기 때문입니다. 그래야 삶의 어떤 순간에 찾아오는 허무함에도 무너지지 않을 수 있는 거죠. 아무리 사소하고, 심지어 유치해 보이더라도 '나에게 성공이란 이런 거야.' 이런 정의를 자꾸 만들어 봐야 합니다.

신기하게도 심리학에서는 이런 현상이 명확하게 밝혀졌습니다. 유유상종. 행복한 사람은 행복한 사람을, 우울한 사람은 우울한 사람을 더 자주 만나게 됩니다. 왜일까요? 서로를 '알아보기 때문'입니다. 나와 비슷한 성공의 정의를 가진 사람들과 더 자주 만나고, 그들과의 대화를 통해 나 자신을 돌아보고 점검할 수 있게 되는 거죠.

사람은 스스로를 잘 보지 못합니다. 하지만 나와 비슷한 사람을 통해, 무엇이 좋은 건지, 무엇이 나쁜 건지를 배우게 되죠. 그래서 유유상종이라는 선을, 조금씩 '성숙의 선'으로 이동시키는 과정이, 바로 우리가 살아가는 '성장의 과정'입니다.

"성공하고 싶다." "저 사람 성공했네." 이런 말보다 "나에게 성공이란 이런 거야." "너한테 성공은 뭐니?" 이런 대화를 자주 나눠보시길 바랍니다. 그럴 때 우리는 뇌를 통해, 자기 삶을 실행하는 힘을 키워나갈 수 있습니다.

물론 성공이 주관적인 만족에만 기반해서는 안 됩니다. 어느 정도의 객관적 기준도 필요하죠. 하지만 많은 분들이 객관적인 기준을 오해합니다. 예를 들어 중산층을 이야기할 때 흔히 나오는 기준이 이렇습니다.

30평대 이상의 아파트
1,500cc 이상의 자동차
일정 수준 이상의 월 소득

이 모든 기준의 공통점은 뭘까요? '숫자'입니다. 하지만 숫자가 객관적인 기준이라는 생각은 큰 착각입니다. 진정한 객관성은 '보편적인 관점에서 받아들여질 수 있는지' 여부에 따라 달라집니다.
"저 사람, 착하네."
이렇게 말할 때 '착함 점수 10점 만점에 7점'이라고 말하지 않죠.

물론 심리학자들은 그렇게 수치화할지도 모르지만, 일반적인 사람이라면 감정과 공감, 그리고 공유된 상식을 통해 판단합니다.

진정한 성공이란, 나의 주관적인 만족과 사회 보편적인 기준. 이 두 가지를 동시에 만족시켜 주는 지점에 가까워야 합니다. 만약 너무 주관적인 만족에만 의존하면, 이런 사람도 있을 수 있죠.
"벗고 다녀도 편하면 그게 성공이야."
그리고 정말 도심 한복판에서 속옷만 입고 다닌다면? 우리는 그것을 성공이 아니라 비정상 혹은 범죄라고 생각하겠죠.
따라서 성공은, 자기 만족과 사회적 기준, 이 두 가지 사이에서 균형을 맞추어 가는 '좁은 길'이라 할 수 있습니다. 결국, 성공하지 못해도 괜찮습니다. 사회적 기준을 크게 해치지 않는 선에서 자기 만족을 추구하며 살 수 있다면, 그 자체로도 충분히 행복한 삶일 수 있으니까요.

심리학자들은, 성공에 대한 정의를 자주 고민하고 점검하는 것이 실제로 성공한 사람들의 공통된 특징이라고 말합니다.
혹시 점묘화 보신 적 있으신가요?
가까이서 보면 작은 점들로만 이루어졌지만, 멀리서 보면 아름다운 풍경화나 초상화가 되는 그림. 성공한 사람들의 특징도 그럴 수 있습니다. 작은 점만 보면 차별성이 없어 보일 수 있지만, 멀리서 보면 분명히 다른 그림이 되어있는 거죠. 그러니 너무 큰 기준만 세우지 마세요. 작은 점들을 꾸준히 찍어가는 것, 그게 결국 여러분의 성공이라는 그림을 만들어 줄 겁니다.

▲ 작은 점이 모여 하나의 형태를 이루는 점묘화

'성공한 사람'과 '성인'의 차이

하지만 그럼에도 불구하고, 보편적인 관점에서 '자기 자신도 만족하는 성공한 사람', 다시 말해 의미 있는 성취를 이뤄내고 있는 사람들에게서 공통적으로 발견되는 특징이 하나 있습니다. 바로, '자신이 무엇을 좋아하고, 무엇을 싫어하는지를 정확히 알고 있다.'라는 점입니다.

이런 사람들은 자신이 좋아하는 것을 추구하면서, 동시에 자신이 싫어하는 것에는 끌려다니지 않으려는 경향이 뚜렷합니다. 그래서 심리학자들은 '성공한 사람'과 '성인聖人'을 구분할 필요가 있다고 말합니다.

예를 들어, 테레사Teresa 수녀와 같은 분들은 성인에 가까운 분들이죠. 이런 분들은 자신이 싫어하는 일조차 기꺼이 감당해 냅니다.

그런데 저는요, 싫어하는 일을 정말 싫어합니다. 오늘 아침에도 청소가 너무 하기 싫었는데, 청소하라고 말하는 아내와 가벼운 말다툼을 했습니다. 제 생각엔 오늘 강의를 마치고 집에 돌아가도, 아마 청소는 안 할 거예요. 어떻게든 피곤한 척을 하면서 피해갈 것 같거든요. 저는 성인은 되기 어려울 것 같아요. 하지만 성공한 사람은 될 수 있을지도 모르겠습니다.

성인은 어떤 사람일까요? 자기 자신이 상처받고, 심지어 고통을 겪는 일조차도 선한 가치를 위해 기꺼이 감수하며, 끊임없이 자신을 채찍질할 수 있는 사람입니다. 반면 자신이 무너지지 않으면서도 타인에게 좋은 영향력을 줄 수 있는 사람, 심리학자들은 이런 사람을 성공한 사람이라 말하죠. 그래서 심한 고통을 감내하는 것이 성공한 사람들의 보편적인 특징이라고 보기는 어렵습니다. 물론 역경과 고난을 이겨낸 사람들이 결국 성공하는 사례도 있긴 하지만요.

'작은 행복'은 고난과
시련을 이겨내는 도구

여기서 이런 궁금증이 생기죠.

'성공한 사람들은 고난을 어떻게 이겨냈을까?'

이건 심리학적으로 매우 중요한 질문입니다. 연세대학교 심리학과 서은국 교수를 비롯한 행복심리학자들은 이렇게 말합니다.

"행복은 고난과 시련을 이겨내는 도구다."

절묘한 표현입니다. 실제로 성공한 사람들은, 반복되는 고난과 시련을 그때그때 작은 행복을 통해 이겨내고 극복해 왔습니다.

그렇다면 이 작은 행복은 어디서 비롯되는 걸까요? '내가 좋아하는 것'에서 비롯됩니다. 그래서 사람들은 힘든 순간마다 자신이 좋아하는 작고 단순한 즐거움으로 그 위기를 넘기며, 점차 자기 자신을 더 잘 알게 됩니다. 이 과정을 많이 겪은 사람들은 자신에 대해 더 정확하게 이해하게 되죠.

저는 이런 과정을 거치며 70대가 되어 마치 현인처럼 보이는 분들을 종종 만납니다. 이분들은 "내일 저녁쯤에는 막국수에 파전을 먹으면 기분이 좋아질 것 같아." 이런 말을 아무렇지 않게 하시거든요. 하지만 저는 내일 저녁에 뭘 먹을지 잘 떠오르지 않습니다. 가끔 일주일 뒤 동창들과 저녁 먹을 약속 장소를 정할 때도 고민이 길어집니다. 왜일까요? 미래의 나를 예측하기 어렵기 때문입니다. 한 시간 뒤에 짜장면을 먹을지, 설렁탕을 먹을지 정도는 금방 결정할 수 있죠. 그 정도 시간 내의 내 상태는 내가 알고 있기 때문입니다.

좀 엉뚱한 질문 하나 드려볼까요?

14년 후의 점심, 돈가스를 드실 건가요? 막국수를 드실 건가요? 아무 생각도 안 나시죠? 그런데 신기하게도, 자기 자신에 대해 잘 알고 있는 분들은 먼 미래의 자신이 어떤 선택을 할지까지 꽤 정확하게 예측합니다.

제가 존경하는 한 70대 분은 일주일 후의 자기 기분까지 예측하시더라고요. 그분은 저와 차를 마시면서 이렇게 말씀하셨습니다.

"김 교수님, 내가 80세쯤 되면, 아마 한 달 뒤의 내 기분도 예측할 수 있을 것 같아요."

또 그분은 여행도 남들과 다르게 하세요. 블로그나 SNS에 나온 맛집 정보를 뒤쫓으면서 복잡한 일정에 휘둘리는 게 아니라, 자신만의 방식으로 여유롭고 한가한 여행을 떠나는 거죠. 같은 비용으로도 훨씬 더 만족스러운 여행이 될 수 있도록 한 달 전부터 준비합니다.

이렇게 내가 무엇을 좋아하는지, 그 작은 행복을 아는 것이 곧 인생이라는 긴 여정을 견디는 힘이 될 수 있습니다.

개방적인 태도는 성공을 부른다?

우리는 살아가면서 끊임없이 성공의 정의를 새로 써 내려갑니다. 부의 기준처럼 아파트, 자동차, 명품 등의 소유가 추가될수록 더 많이 소비하게 되는 방식이 아니라, 오히려 성공의 정의를 스스로 정립할수록, 더 적은 것으로도 쉽게 만족하는 삶을 살게 됩니다. 이것이 정의定義의 가장 큰 힘입니다. 자기만의 기준으로 무언가를 정의하지 못하는 사람은, 결국 타인의 기준에 끌려다닐 수밖에 없습니다. 그래서 점점 더 많이 가져도 빈곤하고, 더 많이 누려도 만족하지 못하죠.

반면, 스스로 정의를 내려가는 사람은 점점 더 정확해집니다. 우리는 이 점을 곰곰이 생각해 볼 필요가 있습니다. 많은 분들이 제게 이렇게 묻습니다.

"김 교수, 성공하는 사람은 타고나는 거죠? DNA부터 다른 거 아닐까요?"

그렇다면, 유전적 요인이 거의 모든 걸 결정한다고 보는 셈입니다. 하지만 인류의 역사 속에서, 흔히 '부자는 3대를 넘기기 어렵다.'라는 말처럼, 4대 이상 부를 유지하는 경우는 거의 없습니다. 물론 아주 드물게 10대, 15대, 혹은 수백 년 동안 부나 권력을 이어가는 경우도 있지만, 이런 가문을 들여다보면, 오히려 지키려고 애쓰기보다는 '기꺼이 내놓으며 생존력을 유지하는' 방식으로 명맥을 이어왔다는 걸 알 수 있습니다. 성공에 대한 정의 자체가 제각각인 만큼, 성공은 전적으로 '어떻게 살아가느냐'에 달려있는 문제입니다.

성격은 타고나지만, 성품은 철저히 후천적인 것입니다. 타고난 성격의 장점을 잘 살려내는 삶이, 바로 좋은 성품을 갖춘 삶입니다.

성공도 그렇습니다. 타고난 기질은 매우 다양합니다. 외향적인 사람도 있고, 내향적인 사람도 있죠. 그런데 각 분야에서 성공한 사람들을 보면, 외향적인 사람과 내향적인 사람이 일반 사람들과 비슷한 비율로 섞여있습니다. 즉, '성공하는 기질'이 따로 있는 게 아니라는 이야기입니다.

하지만 성공과 관련해 한 가지 두드러지는 특성이 있습니다. 바로 '개방성'입니다. 개방성은 후천적인 영향이 큰 성격 특성 중 하나인데요, 심리학적으로도 성공과 일정한 상관관계를 보입니다. 개방성은 어떤 특성이 있을까요?

내가 틀렸다는 것을 알려주는 사람, 또는 내가 몰랐던 사실을 일깨워주는 사람을 거부하지 않는 태도입니다. 그렇다면, 왜 이런 태도를 가진 사람이 중요한 걸까요? 나의 '성공에 대한 정의'를 수정하거나 새롭게 만들 수 있는 기회를 주기 때문입니다. 내가 가지고 있던 성공의 정의가 정말 적절한지, 혹은 수정이 필요한지를 느끼게 해주는 사람이 '나와 다른 사람'입니다. 그렇기 때문에 개방성은 성공과 깊이 연관돼 있습니다. 물론 개방성도 일정 부분은 타고납니다. 하지만 타고난 성격 특성 중에서도 개방성은 유난히 후천적인 영향을 많이 받는다는 점은 부인할 수 없는 사실입니다.

저도 대학교 1학년 때 성격검사를 해봤는데, 개방성 점수가 좀 낮게 나왔어요. 그런데 10년 단위로 성격검사를 해보니까, 다른 특성은 비슷한데 개방성만 점점 올라가더라고요. 참 다행이죠. 다만 여기서 개방성을 '귀가 얇다.' '남의 말을 곧이곧대로 믿는다.'라는 식으로 이해하시면 곤란합니다.

타고난 기질적 차원, 즉 단점만을 보여주는 미성숙한 삶을 살면서 인위적으로 개방적인 태도를 취한다면, 사기를 당하기 쉽고 혼란에 빠지기 쉬운 상황이 될 수 있습니다. 그렇기 때문에 어떻게 살아가느냐 하는 문제는 매우 중요한 이야기입니다.

하기 싫은 일을 하면서도 성공할 수 있을까?

하기 싫은 일을 하면서도 성공할 수 있을까요? 이 질문과 관련해, 많은 심리학자들이 한결같이 인용하는 명언이 있습니다. 프랑스 작가 폴 부르제 Paul Bourget가 자신의 소설 『정오의 악마』(1914)에서 한 말인데요, '생각하는 대로 살지 않으면 사는 대로 생각하게 된다.' 이 말은 성공과 기질, 후천적인 변화의 관계를 정확하게 짚어내고 있습니다. 그래서 심리학자들조차 심리학보다 더 심리학적인 통찰을 준 인물로 폴 부르제를 꼽기도 합니다.

"하기 싫은 일을 하면서도 성공할 수 있을까요?"
30대 이상의 직장인들이나 아직 자신이 좋아하는 일을 찾지 못한 많은 분들이 자주 묻는 말입니다.
저 역시 하기 싫은 일을 겪을 때가 있지만, 저는 그것이 성장하는 과정이라고 생각합니다. 제가 대학 진학을 준비할 때, 어떤 전공을 선택해야 할지 고민이 많았습니다. 그런데 돌이켜보면, 그렇게 고민할 수 있었던 시간 자체가 참 행복했던 것 같습니다.

당시 친구와 함께 동네 서점에 갔는데, 거기에는 다양한 전공 개론 서적이 한 칸에 모아져 있었습니다. 주인아저씨는 경험이 많은 분이라, 사람들이 절대 고르지 않는 책은 멀리 떨어진 곳에 배치해 두곤 했습니다. 친구와 저는 여러 개론 서적을 둘러보다가, 저는 왼쪽 끝에 있던 『법학개론』이라는 걸 뽑아 읽었는데, 정말이지 세상에 이렇게 재미없는 글은 처음 봤습니다. 하지만 친구는 오히려 이쪽 일을 해도 좋을 것 같다며 흥미를 느끼더군요. 저는 혀를 끌끌 차며 반대편 서고에서 『심리학개론』을 뽑아 읽었고, 그때부터 심리학에 관심을 갖게 됐습니다.
결국 저는 심리학과에 진학했고, 친구는 법학과에 들어가 지금은 변호사로 일하고 있습니다. 지금도 우리는 가끔 만나 그때의 이야기를 나누면서 웃곤 합니다. 재미있는 것은, 이제 제가 법학에 관심이 있고, 친구는 심리학에 관심을 갖고 있다는 겁니다.

하기 싫은 일을 만났다는 것은, 생각보다 매우 중요한 기회가 될 수 있습니다.

저도 심리학과를 다니면서 정말 하기 싫었던 과목이 있었습니다. 바로 상담심리학이었죠. 교수님께는 아무런 문제가 없었어요. 오히려 굉장히 뛰어난 분이셨는데, 그 교수님께서 첫 수업 시간에 이렇게 말씀하셨습니다.

"상담이란, 나의 입을 닫고 상대방의 말을 끝까지 들어주는 것이다."

그 순간 저는 '이 과목은 나와 맞지 않겠구나.'라는 생각이 들었습니다. 당시의 저는 말하는 걸 좋아했고, 듣는 건 참 힘들어했기 때문이죠. 그래서 수업을 포기하고 싶었지만, 전공필수 과목이라 어쩔 수 없이 들어야 했습니다. 전 친한 선배에게 이렇게 물어봤어요. "상담심리학과 가장 거리가 먼 심리학은 뭔가요?" 그랬더니 선배가 "프로이트와 가장 관련 없는 분야는 인지심리학이지."라고 알려주더군요. 그래서 저는 인지심리학을 공부하게 되었고, 그것이 지금의 저를 만드는 중요한 밑거름이 되었습니다.

이처럼 하기 싫은 일을 겪으면서 나는 어떤 것에 강점이 있고 관심이 있는지, 역으로 찾아보는 과정이 중요합니다.

우리는 성공한 사람들의 신화를 이야기하면서, 그 사람이 잘하는 일을 마치 길 위에서 우연히 평생의 반려자를 만나듯 운명처럼 맞닥뜨렸다고 여길 때가 많습니다. 하지만 그런 경우는 정말 드물고, 대부분은 시간이 지나면서 자신만의 길을 찾아갑니다. 일이든 사람이든 말이죠.

많은 분들이 마음이 맞지 않는 사람과 일을 해야 할 때 어떻게 해야 하는지를 묻습니다. 그때마다 저는 이렇게 답합니다.

"마음이 맞는 사람과 일할 때는 직무 능력이 향상되고, 마음이 맞지 않는 사람과 일할 때는 사회적 능력이 향상됩니다."

잘 맞지 않는 불편한 사람과도 일정 기간은 함께 일할 수밖에 없고, 이를 피할 수 없는 경험으로 받아들여야 합니다. 다만, 그 기간과 비율은 자신이 잘 파악해야 합니다. 예를 들어, 10년 동안 직장생활을 하면서 마음이 맞는 사람과 일한 기간이 7년이라면, 마음이 맞지 않는 사람과는 3년 정도는 견딜 수 있다는 식으로 말입니다. 그 한계를 넘으면 변화를 추구해야겠죠. 하지만 아직 그 한계에 다다르지 않았다면 조금 더 견디고 지켜볼 수 있습니다.

저는 이런 것을 30~40대를 거치면서 깨달았고, 앞으로 60~70대에 알게 될 것도 많다고 생각합니다. 중요한 것은, 자신을 알아가고, 지금 처한 상황에서 무엇이 나를 성장시키는지 끊임없이 찾아가는 일입니다.

목표는 꼭 커야 성공할까?

성공에 관한 많은 이야기 중 '목표는 커야 한다.'라는 말이 자주 나오는데, 정말 그럴까요?

너무 큰 목표는 이상과 현실의 괴리로 인해 오히려 실천을 어렵게 할 수도 있습니다. 성공에 대한 이 두 가지 상반된 생각이 우리를 힘들게 하는 이유일 겁니다.

수많은 심리학자들의 연구를 종합해 본 결론을 말씀드리겠습니다. 꿈은 커야 하며, 목표는 구체적이어야 합니다. 그리고 계획은 세분화되어야 합니다. 꿈과 목표를 구분할 줄 알아야 합니다.

저는 강연이나 기업 자문, 세미나에서 이렇게 말합니다.

"똑같은 도형을 가지고도 어떤 아이는 창의적으로 새로운 것을 만들고, 어떤 아이는 평범한 것을 만듭니다."

왜 그럴까요? 특이한 것을 선택하면 실패할까 봐 두렵기 때문이죠. 하지만 꿈이 있으면 남들과는 다른 시각을 갖게 돼 창의적으로 생각할 수 있습니다.

정말 그래요. 아이들에게 여러 도형 중 다섯 개를 골라 새로운 물건을 만들라고 하면, 대부분 직사각형이나 원뿔처럼 평범한 도형을 고릅니다. 특이한 모양을 고르면 감당하기 어려울 것 같기 때문이죠.

그래서 결과물도 자동차, 기차, 집처럼 익숙한 형태가 많습니다.

그런데 물체를 보여주지 않고 "새롭고 신기한 걸 만든다면 뭘 만들고 싶니?"라고 물으면 상황이 달라집니다. 지구를 지키는 로봇이나 새로운 행성처럼 상상력 넘치는 아이디어가 쏟아집니다.

이 상태에서 처음 그룹에 줬던 것과 똑같은 평범한 물체를 주면서 "방금 말한 걸 이걸로 만들어 봐."라고 하면, 아이들은 매우 당황하며 심지어 불만을 표하기도 합니다. 하지만 이런 과정을 거치면, 아이들은 계속 더 특이한 도형과 아이디어를 선택합니다. 그래서 인지심리학자들은 '창의적인 인재'라는 표현보다, '자신을 창의적으로 만드는 상황을 스스로 알고 있는 사람'이라는 말을 씁니다.

이렇게 엄청난 것을 먼저 상상하게 만드는 힘을 우리는 '꿈'이라고 합니다.

꿈과 목표를 혼동하는 경우가 많은데, 꿈은 '이상'이고, 목표는 '현실'입니다. 꿈은 이상, 목표는 그 이상을 현실로 만들기 위한 구체적인 과정이라고 할 수 있죠.

성실한 분들 중에는 목표만 있고 꿈이 없는 경우가 많습니다. 예를 들어 '회사 대표가 되는 것'이 꿈이라고 말하지만, 진짜 꿈은 '대표가 되어 무엇을 하고 싶은지'이고, '교사가 되는 것'이 꿈이라고 말하지만, '교사가 되어 무엇을 하고 싶은지'가 진짜 꿈이라는 겁니다.

꿈은 무엇을 하고 싶은지에 관한 것이고, 목표는 도달해야 할 지점과 성취 기준입니다. 꿈은 허황된 상상과 같지만, 그 상상을 통해 창의성과 혁신이 생겨납니다. 그러나 꿈만 있고 목표가 없으면, 그저 허황된 망상에 그칠 뿐이죠.

근면 성실하고 부지런하며 똑똑한 우리는, 정작 꿈은 없이, 목표만 있는 삶을 살고 있는 것은 아닌지, 한번 생각해 볼 필요가 있습니다. 만약 이 두 가지가 있다면, 이제는 목표를 이루기 위한 구체적인 계획이 필요합니다.

우선순위 먼저 정하기

계획이란 무엇일까요? 목표를 10등분, 20등분으로 나눈 것입니다. 예를 들어, 올해 말까지 1억 원을 벌겠다는 목표가 있다면, 1월에는 어떤 계획을 세워야 하고, 이번 주에는 또 어떤 계획을 세워야 하며, 당장 오늘 해야 할 일까지도 계획에 포함되어야 합니다.

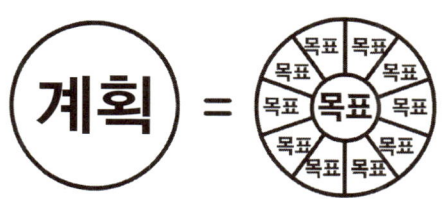

▲ 계획은 목표를 나눈 것

굉장히 큰 꿈, 심지어 친구들에게 말하면 "미쳤구나."라는 소리를 들을 정도로 큰 꿈을 꾸면서, 아주 가시적이고 명확한 목표를 세우고, 그 목표를 마치 채 썰듯 잘게 나누어 하나하나 이루고 완성하며, 부족하다면 스스로를 더 채찍질할 수 있는 계획까지, 이 세 가지가 반드시 필요합니다. 그리고 그것을 꾸준히 관리하고 실행하는 과정에서 우리는 자연스럽게 지혜로워집니다.

그렇다면 '지혜로운 사람'이란 무엇일까요? 지혜로운 사람에 대한 정의는 여러 가지가 있겠지만, 그 특징 중 하나는 '중요한 것'과 '먼저 해야 할 것'을 명확하게 구분할 수 있다는 점입니다.

우리는 가끔 꿈, 목표, 계획 중 어느 하나가 부족해서 가장 중요한 것과 가장 먼저 해야 하는 것을 혼동하는 경우가 있습니다. 예를 들어, 부자가 되기 위해 가장 중요한 것이 무엇일까요? 재정 전문가나 재무 관리자들은 부자가 되기 위해 가장 중요한 것은 '소득을 늘리는 것'이라고 말합니다. 그렇다면 부자가 되기 위해 가장 먼저 해야 하는 것은 무엇일까요? 이들은 한결같이 '소비를 줄이는 것'이라고 답합니다. 즉, 부자가 되기 위해 가장 중요한 것은 소득을 늘리는 것이지만, 가장 먼저 해야 할 것은 소비를 줄이는 것입니다.

그런데 우리는 종종 소득을 늘리면서도 소비를 줄이지 못하는 현상을 보입니다. 높은 금리로 빚을 지면서도 적금을 꾸준히 붓는 상황이 바로 그런 경우입니다. 따라서 꿈, 목표, 계획을 명확히 구분하고, 내가 그것들을 가지고 있는지 점검하며, 이를 꾸준히 관리하는 과정에서 우리는 '가장 중요한 것'과 '가장 먼저 해야 할 것'의 우선순위를 정하고 실행할 수 있습니다.

그리고 언젠가 내가 만들어 내고 고민했던 성공에 대한 나만의 정의에 점점 가까워지거나 만족하는 순간이 올 때, 우리는 꿈의 일부를 실천하게 됩니다. 아직 성장 중인 사람에게 기회를 주거나, 어려운 이웃을 더 잘 살게 하거나, 우리의 자녀 세대가 병으로 고통받지 않게 하는 것처럼 말이죠.

이처럼 꿈을 품고 목표를 세운 뒤, 계획에 따라 중요한 일과 우선순위를 구분하며 성장하는 사람들을 보면서, 우리는 점점 더 많은 롤모델이 생겨나고 있음을 느낍니다. 나에게 꿈이 무엇이고, 또 어떤 목표가 있는지, 그리고 이 두 가지가 있다면 계획을 구체적으로 세우고 있는지 점검해 보세요. 이런 선순환 구조가 바로 성공이라고 심리학자들은 말합니다.

채찍과 당근은 한 세트로

평범하거나 심지어 선수 시절 최하위권에 머물렀던 사람들이 나중에 감독이 되어 훌륭한 지도자로 성장하는 경우가 있습니다. 그 이유는, 이들이 다양한 수준의 선수들을 이해하고 각자의 특성에 맞는 맞춤형 교육과 훈련을 제공할 수 있기 때문입니다. 따라서 상위권에 오르는 것도 중요하지만, 하위권에 머무를 때에도 분명 역전의 기회가 있다는 점을 꼭 기억해야 합니다. 이는 상황을 객관적으로 바라보고 평가할 수 있는 소중한 경험이며, 결국 성공을 이루는 중요한 과정이 될 수 있습니다.

그렇다면 평범한 수준의 사람들, 혹은 일시적으로 하위권에 머무는 사람들은 어떻게 성공을 이룰 수 있을까요? 단순한 노력만으로는 한계가 있을 수 있습니다. 이때 중요한 요소 중 하나가 바로 주변 사람들의 긍정적인 피드백, 즉 칭찬입니다.

많은 사람들이 자신이 바닥에 있다고 느낄 때가 있습니다. 이런 순간에 건네지는 작은 칭찬과 격려는 위로를 넘어, 다시 도전할 수 있는 원동력이 됩니다. 결국 성공은 뛰어난 재능만이 아니라, 자신을 믿어주는 주변의 긍정적인 에너지와 그것을 힘으로 바꾸는 과정에서 비롯된다고 할 수 있죠.

또한 긍정적인 피드백은 실패 속에서도 잘한 점을 짚어주는 격려가 가장 중요하다는 점을 기억해야 합니다.

칭찬은 "괜찮아, 너는 훌륭해."라며 실패를 별거 아니라고 생각하게 만들 수 있지만, 격려는, 잘한 점과 부족한 점을 구체적으로 짚어주며, "이 부분은 잘했어, 여기서 더 노력하자."라고 말합니다.

저도 대학원 시절 학회 발표를 망쳤을 때, 선배가 "발표 내용은 부족했지만, 태도는 정말 좋았다."라고 격려해 준 덕분에 포기하지 않을 수 있었습니다.

성공에 도움이 되는 말은, 잘한 점과 못한 점을 함께 알려주는 것입니다. 가까운 사람일수록 "잘한 점은 다 알고 있으니 문제점만 말할게."라는 말은 피해야 합니다. 저도 아내에게 그렇게 했다가 큰일 날 뻔한 경험이 있습니다.

예를 들어 음식을 평가할 때도 "이 음식은 정말 맛있다. 근데 이건 조금 짜네."라고 말하는 것이 맞습니다. 성공에 도움이 되는 말은 채찍과 당근이 함께 들어있는 '세트'여야 한다는 점을 기억하시기 바랍니다.

▲ 다시 도전할 수 있게 만드는 격려

나에게 꿈이 무엇이고, 또 어떤 목표가 있는지,
그리고 이 두 가지가 있다면
계획을 구체적으로 세우고 있는지 점검해 보세요.

**이런 선순환 구조가 바로 성공이라고
심리학자들은 말합니다.**

김경일의
다시 만난
심리학

\# 더 나은 내가 되기

5강

나쁜 습관을 고칠 수 있을까?

- 중독이란?
- 중독에 약한 사람이 따로 있을까?
- 중독을 끊기 위해서는 꼭 전문가의 도움을 받아야 할까?
- 습관이 중독을 키운다
- 나쁜 습관 위에 좋은 습관을 덮어씌울 수 있다
- 스마트폰과 멀어지는 법
- 좋은 습관을 만드는 법

5강에 들어가기에 앞서

이번 시간에는 많이 들어보셨을 주제, 바로 '중독과 그 이면에 있는 습관'에 대한 이야기를 다뤄보려고 합니다.

특히 마약중독, 도박중독과 같은 심각한 중독부터, 많은 분들이 겪고 있는 스마트폰중독, 폭식증과 같은 일상 속 중독까지 폭넓게 살펴볼 예정입니다.

중독에 대해서 이런 질문 하시는 분들 참 많아요.

"중독을 '나쁜 습관'이라고 해도 되나요? 중독이라는 말이 좀 더 멀게 느껴지는데요."

네. 중독은 나쁜 습관에 고착된 확장판 정도로 이해하시면 좋겠습니다.

중독은, 결국 나쁜 습관이 심화돼 뇌의 자동화된 회로가 더욱 강해진 상태라 볼 수 있습니다.

이번 강의에서는 이와 같은 중독 현상이 어떻게 생기는지, 그리고 그 원인과 함께 중독을 끊고 좋은 습관을 만드는 방법에 대해서도 함께 이야기해 보겠습니다.

중독이란?

먼저, '중독'이란 무엇일까요? 우리가 무언가에 중독되었다고 할 때, 어떤 기준을 충족해야 할까요?

물론 중독에 대해 학문적이고 의학적인 정의와 기준이 존재합니다만, 핵심적인 특징을 말씀드리자면, 첫째, 중독된 대상이 없으면 부작용이나 부적응이 발생합니다. 즉, 그 행동이나 물질이 없을 때 심리적 혹은 신체적으로 고통을 느끼거나 일상생활이 힘들어지는 거죠. 둘째, 중독된 대상을 대체할 다른 선택지가 없다는 점입니다. '왜 꼭 그걸 해야 하냐, 다른 좋은 방법은 없나?'라는 질문에 답하기 어려운 이유는, 실제로 마땅한 대안이 없기 때문입니다. 이 두 가지가 충족될 때 우리는 중독이 발생했다고 봅니다.

중독의 종류는 매우 다양합니다. 알코올, 도박, 마약과 같은 고전적 사례의 중독부터, 거짓말, 사이비종교, 최근에는 스마트폰과 같은 디지털기기 중독, 게임 과몰입 등도 중독으로 분류됩니다.

하지만 여기서 중요한 점은, 스마트폰이나 게임 자체가 문제가 아

▲ 중독의 종류

니라는 겁니다. 그것들은 기본적으로 중립적이거나 오히려 우리 생활에 도움이 되는 도구일 수 있습니다. 문제는 그것들에 '중독'이라는 꼬리표가 붙을 때 발생하는 것이죠.

중독에 약한 사람이 따로 있을까?

얼마 전 도박중독 관련 포럼에서 받은 질문이 있습니다.

"뭔가에 잘 중독되는 사람들이 따로 있나요?"

이 질문은 자연스럽게 '중독이 뇌의 문제와 연결되나요?'라는 질문으로도 이어집니다. 쉽게 답하기 어려운 질문이지만, 중독에 빠지기 쉬운 사람들의 공통된 특징 중 하나는 '도피 성향'이 강하다는 점입니다. 즉, 무언가로부터 도망치거나 벗어나기 위해, 혹은 무언가를 피하려고 하는 성향이 강한 사람들이라는 거죠.

예를 들어, 일상이 너무 단조롭거나 지루하면 흥미로운 것에 빠져들어 도피하려고 합니다. 또는 일상에 고통이 크면 그 고통으로부터 벗어나기 위해 무언가에 의존하게 되죠. 즉, 중독의 원인은 무언가를 향해 나아가려는 욕구와 무언가로부터 벗어나려는 욕구, 이 두 가지로 귀결됩니다.

이 관점에서 보면, 중독에 빠지기 쉬운 사람들의 특징도 이해할 수 있습니다. 일상생활 만족도가 낮거나, 고통과 어려움이 많거나, 심지어 문제가 없더라도 너무 단조롭고 지루한 삶을 사는 사람들이 중독에 취약할 수 있습니다. 이는 단순히 뇌의 문제가 아니라, 그러한 뇌의 특성을 가진 사람이라고 보는 것이 더 적합합니다.

그래서 우리는 일상생활에서 다양한 활동과 선택지를 갖는 것이 매우 중요합니다. 중독은 결국 대안이 없을 때 발생하는 경향이 있기 때문입니다.

이건 도박중독 치료 프로그램을 운영하시는 분이 해주신 이야기인데요, 아무 문제없이 살던 가정주부와, 중소기업을 잘 운영하던 대표가 있었습니다. 겉으로 보면 전혀 다른 삶을 살고 있지만, 두 사람은 어느 순간 도박중독에 빠져버렸습니다. 이 두 사람의 공통점은 무엇일까요? 바로 '단조로운 삶'을 살고 있었다는 점입니다.

인간은 동물과 달리 단조로운 삶을 추구하지 않습니다. 아무리 안정적인 삶이라도 계속 같은 패턴만 반복되면, 어딘가 일탈하거나 변화를 추구하는 성향이 반드시 생깁니다. 그래서 제가 자주 하는 말이 있어요.

"아무리 편한 자세라도 1시간 이상 같은 자세로 있으면 고통스럽다."

우리 일상에서 느끼는 그런 단조로움과 지루함이 바로 중독으로 빠질 위험을 높인다는 뜻입니다. 결국, 늘 똑같은 경험만 하는 삶이 좋든 나쁘든, 그 안에 빠져있으면 우리는 대안 없이 무언가를 계속 탐닉하는 중독의 위험을 끊임없이 안고 있다고 할 수 있습니다.

중독을 끊기 위해서는 꼭 전문가의 도움을 받아야 할까?

중독의 고리를 끊으려면 꼭 전문가의 도움이 필요할까요?

저는 상당 부분 "예"라고 말씀드리고 싶습니다. 왜냐하면 전문가와 대비되는 존재가 꼭 초보자만을 뜻하는 것은 아니며, 때로는 가족이나 친구와 같은 '지인'도 전문가가 아닌 사람으로 선택될 수 있기 때문입니다. 이들은 당사자의 반복적이고 단조로운 삶의 일부이기 때문에, 당사자가 고리를 끊고 변화를 만드는 것은 거의 불가능하다고 봐야 합니다. 그래서 중독의 고리를 끊기 위해서는 전문가의 도움을 받는 것이 당연하고도 중요합니다. 그리고 가족과 지인들도 전문가의 도움을 함께 받아, 책임과 고통을 나누면서 문제를 해결해 나가는 태도가 필요합니다.

여기서 중요한 것은, 중독에 빠진 사람에게 "전문가를 찾아가라."라고 떠미는 것이 아니라, "함께 가서 도움을 받아보자."라고 손을 내미는 자세입니다. 하지만 현실에서는 여건이 여의치 않아 전문가의 도움을 받기 어려운 경우도 적지 않죠. 그럴 때는 뭐부터 해야 할까요? 상황이나 대상을 객관적으로 바라볼 수 있는 거리감을 가져야 합니다.

사람은 의외로 물리적인 거리와 상황에 큰 영향을 받습니다. 심리학자들이 자주 하는 말이 있죠.
'몸이 멀어지면 마음도 멀어진다.'
따라서 내가 무언가로부터 멀어지고 싶다면, 실제로 물리적인 거리를 두는 것이 필요합니다. 물론 이것이 완벽한 해결책은 아니지만, 대부분의 중독 문제에서 필요한 첫걸음인 경우가 많습니다.
예를 들어, 서울에 살면서 같은 동네 사람들과 자주 술을 마시다 알코올중독에 빠졌다면, 계속해서 같은 환경에 머무는 것이 문제를 더 키울 수 있습니다. 이럴 때는 환경을 조금 바꾸는 것이 회복에 도움이 됩니다.
다만 주의할 점은, 너무 큰 변화를 한꺼번에 시도하면 오히려 스트레스를 더 받을 수 있다는 겁니다. 서울 아파트에 살던 사람이 갑자기 지리산 깊은 산속으로 이사를 가는 것처럼, 완전히 통제력을 잃게 되는 극단적인 변화는 피해야 합니다. 스트레스를 너무 많이 받으면, 평소에 억눌러 왔던 나쁜 습관이 더 쉽게 드러날 수 있습니다. 따라서 거리를 두는 변화는 한 가지 정도만 조심스럽게 시도하고, 나머지는 일상을 유지해서 뇌와 몸이 적응할 수 있도록 해야 합니다.

홈페이지를 설계하던 한 사람이 있었습니다. 그는 루게릭병을 앓고 있는 동생을 위해 웹페이지를 만들었는데, 그 이름은 '페이션츠 라이크 미patients like me', 우리말로는 '나와 같은 환자들'이라는 뜻입니다. 이 사이트는 비슷한 병을 겪는 환자와 가족들이 서로의 경험과 정보를 공유할 수 있도록 돕는 공간으로 자리 잡으면서, 지금은 전 세계 수많은 사람들이 모이는 커뮤니티가 되었습니다.

이 홈페이지가 가진 가장 중요한 기능 중 하나는 무엇일까요? 바로, 사람들로 하여금 '나도 나아질 수 있다.' '나도 얼마든지 회복할 수 있다.'라는 용기와 동기를 부여한다는 점입니다. 만약 지금 내가 당장 전문가를 찾지 못한다 하더라도, 나와 같은 상황에서 벗어나 성공적으로 변화한 사람들의 이야기를 접하는 것만으로도 큰 힘이 됩니다.

특히 중독 상태에 빠진 분들의 가족이나 친구들은 그들에게 "할 수 있어. 나아질 수 있어." "넌 결국 빠져나올 거야."라는 용기와 격려를 계속해서 전해야 합니다. 그리고 "너는 왜 못 하니?"가 아니라 "너도 분명히 할 수 있을 거야."라는 메시지를 반복적으로 주는 게 중요합니다. 또한, 책임을 나눈다는 마음으로 "함께 전문가를 찾아가 보자." "나는 예방을 도와줄게."라는 동지애와 공동체의식을 갖는다면 훨씬 더 효과적인 대처가 가능하다고 생각합니다.

습관이 중독을 키운다

결국 중독이란 '나쁜 습관이 반복되어 굳어진 상태'라는 점을 다시 한번 강조하고 싶습니다.

그렇다면, '나쁜 습관'이란 무엇일까요? 그리고 '좋은 습관'은 어떤 걸 말할까요? 더 근본적으로, '습관'이란 무엇일까요?

심리학적으로 습관은, 더 이상 인지적 모니터링이나 관심, 자원을 투자하지 않아도 자동적으로 일어나는 행동의 연속을 뜻합니다.

어떤 연구자들은 이를 '볼레스틱 비헤이비어 Ballistic Behavior'라고 부르는데, 여기서 '볼레스틱'은 '총알이 발사되는 것처럼 한번 시작되면 자동으로 진행되는 행동'을 의미합니다.

예를 들어, 총의 방아쇠를 당기면 그 순간부터 총알이 총구를 떠날 때까지의 과정은 내가 더 이상 통제할 수 없죠. 방아쇠를 당긴 순간, 그 이후 일어나는 모든 행동은 자동으로 이어지듯, 습관도 마찬가지입니다. 어떤 트리거Trigger, 즉 촉발 요인이 생기면 네다섯 가지 행동 단계가 연쇄적으로 일어나며 내 의지와 상관없이 자동 실행됩니다.

저는 가끔 드라마를 볼 때 대용량 과자를 옆에 두고 먹습니다. 그런데 신기하게도, 드라마 한 편을 켜놓고 손을 집어넣으면 어느새 과자 봉지가 비어있어요. 이게 무슨 뜻이냐면, 드라마를 보는 행동과 과자를 먹는 행동이 습관적으로 연결되어 있다는 겁니다. 흥미로운 점은, 과자를 다 먹었다는 사실을 제가 인지하는 시점이 '너무 짜서 갈증이 날 때'라는 거예요. 그제야 '아, 다 먹었구나.' 하고 알게 되는 거죠. 이는 습관이 자동화된 연쇄반응임을 보여줍니다.

그런데 문제는, 그 습관이 내 삶에 도움이 되는지 해로운지 스스로 판단하기가 어렵다는 점입니다. 그리고 해로운 습관이라는 사실을 깨닫더라도, 이미 습관이 굳어버린 상태에서는 없애기가 거의 불가능합니다.

습관은 만들어진 뒤에야 해롭다는 걸 알게 되는데, 이미 형성된 습관은 쉽게 바꾸거나 없앨 수 없다는 점, 참 안타깝죠. 그렇다면 우리는 포기해야 할까요? 결론부터 말씀드리면 아니요, 그렇지 않습니다. 여기에 대해서 조금 설명을 드릴게요.

나쁜 습관 위에 좋은 습관을 덮어씌울 수 있다

　습관은 언제 제일 강하게 나타날까요? 보통은 우리가 지치거나 스트레스를 받을 때 가장 강하게 나타납니다. 이는 뇌가 그런 상황에서 가장 먼저 '습관 제어회로'를 꺼버리기 때문인데요. 즉, 의식적으로 습관을 조절하는 뇌의 기능이 일시적으로 멈추는 겁니다. 그래서 스트레스를 받거나 피곤할 때는 평소보다 더 쉽게 습관에 지배당하게 되는 것이죠.

　실제로 제가 수많은 기업과 대학에서 면접관을 해봤는데, 지원자들이 오전보다는 오후에 훨씬 더 습관적인 행동을 많이 보여줍니다. 오후 3시 이후에 면접을 보면, 지원자들이 긴장과 불안에 지친 나머지, 평소와는 다른 습관을 무의식적으로 드러내는 경우가 많습니다. 어떤 사람은 다리를 꼬고 면접을 보기도 하고요, 어떤 사람은 턱을 괴거나, 심지어 불을 끄고 나가는 경우도 있어요. 하지만 이런 행동들은 대부분 본인이 잘 인지하지 못합니다.

　그렇다면 이런 습관들 때문에 실수하지 않으려면 어떻게 해야 할까요? 심리학자들의 대답은 간단합니다. '중요하지 않은 순간에 똑바로 행동하라.'라는 겁니다. 평소에 좋은 습관을 만들어 놓으면 중요한 순간에 부정적 습관이 튀어나오는 걸 막을 수 있다는 뜻이죠.

제가 면접장에서 욕설을 하는 일이 있었다고 가정해 보겠습니다. 이런 충동을 자제하려면 평소에 좋은 말을 쓰고, 긍정적인 언어 습관을 꾸준히 들이는 것 외에 방법이 없습니다.

물론 누구에게나 나쁜 습관은 있습니다. 나쁜 습관의 특별한 기준은 없지만, 내 습관이 타인에게 피해를 주고, 나 또한 일상생활의 필수적인 부분을 제대로 수행하지 못하게 한다면, 그것은 분명 나쁜 습관입니다. 그럼 습관을 없애는 일을 포기해야 할까요? 아닙니다. 인지심리학에서는 이렇게 말합니다. '나쁜 습관을 없앨 수 없지만, 그 위에 좋은 습관을 덮어씌울 수는 있다.'라고요.

제가 드라마를 보면서 과도하게 과자를 먹는 나쁜 습관이 있다고 했죠. 그런데 가족이 제 손을 딱 때리면서, "먹지 마!"라고 하면, 저는 30분 정도는 버틸 수 있습니다. 이런 식으로 나쁜 습관 위에 좋은 습관, 즉 절제하는 행동을 덮는 겁니다.

그런데 솔직히 말씀드리면, 저는 저런 상황에서 5분도 버텨본 적이 없습니다. 왜냐하면 습관이 나오는 또 다른 중요한 상황에 빠졌기 때문입니다. 바로 '무언가에 깊이 몰입해 있을 때'입니다. 어떤 일에 푹 빠지면, 잠잠하던 나쁜 습관이 다시 고개를 들곤 하죠. 그런데 이 나쁜 습관을 완전히 없애기 어렵다면, 어떻게 해야 할까요?

저는 손을 가만히 놔두는 억제는, 과자를 집는 손을 제어하는 데 아무 소용이 없다는 걸 알고서는, 손으로 무언가 다른 행동을 하도록 바꿨습니다. 두 가지를 시도했어요.

하나는 뜨개질을 하는 것이고요, 또 하나는 흔히 뽁뽁이라고 하는 에어캡을 터뜨리는 겁니다. 동네 택배 기사님들께 부탁해서 집 앞에 에어캡이 있으면 늘 가져다 놓아달라고 했죠. 그분들은 흔쾌히 응해주셨고, 저는 그걸 받아다가 드라마를 보면서 '뽁뽁뽁' 열심히 터뜨렸습니다.

결국, 핵심은 이겁니다. '나쁜 습관 자체를 없앨 수 없지만, 그 나쁜 습관이 실행되는 자리에 좋은 습관을 만들어 놓을 수는 있다.' 그러면 어느 순간 나쁜 습관에 대한 기억이 희미해지고, 마치 어릴 적 친구의 이름이 기억나지 않는 것처럼, 그 기억은 뇌 속에서 단서나 실마리를 잃은 채 헤매게 됩니다.

스마트폰과 멀어지는 법

최근에는 '나쁜 습관'의 범주에 새롭게 등장한 친구들이 있습니다. 바로 스마트폰과 같은 디지털기기들이죠.

사실 저도 몇 년 전까지만 해도 스마트폰에 빠진 청년세대를 보면서, '왜 저렇게 빠져들까?' 하고 안타까워했는데, 이제는 저와 같은 50대 중반도 스마트폰이 없으면 금단증상을 겪는 경우가 많아졌습니다. 얼마 전에는 정신건강 전문의가 자신의 스마트폰중독 고충을 토로하는 모습도 볼 수 있었습니다.

스마트폰은 이제 우리의 신체 일부와 같습니다. 없으면 몸 한 부분이 빠져나간 듯한 고통을 느끼죠. 이런 상황에서 스마트폰중독 증세가 있는 사람들을 어떻게 치료할 수 있을까요?

얼마 전 한 회사 대표님을 만났는데, 그 회사는 안전 수칙을 아무리 잘 지켜도 사고가 줄지 않는 심각한 문제를 겪고 있었습니다. 알고 보니 그 원인 중 하나가 스마트폰이었습니다.

대표님이 저에게 물으시더군요.

"작업 중에 직원들이 스마트폰을 안 보게 하려면 어떻게 해야 할까요?"

제가 드린 답은 단순했습니다. 작업장에 스마트폰을 아예 못 들고 들어가게 하는 것 외에는 방법이 없다는 겁니다. 습관이 이미 너무 강해져서, 스마트폰만 옆에 있어도 본능적으로 보게 되는 트리거가 되기 때문이죠. 그래서 이를 관리하려면 노사협의를 통해 사용 시간을 명확히 구분하는 등 근본적인 조치가 필요하다고 말씀드릴 수밖에 없었습니다.

길거리에서 스마트폰에 홀린 스마트폰 좀비를 비아냥거리듯 말하는 것도 이런 맥락입니다. 스마트폰 때문에 상담받는 분들의 중독 수준은 약물중독과 크게 다르지 않습니다. 문제는 약물중독처럼 점점 더 강하고 자극적인 것을 원하게 된다는 겁니다. 스마트폰 속 릴스나 숏츠와 같은 짧고 자극적인 콘텐츠가 바로 그런 역할을 하죠. 그래서 45분 수업에 집중하기도 힘들고, 영화관에서 두 시간짜리 영화를 보는 것도 고통스럽다는 분들이 많습니다.

이렇게, 중독성이 있는 콘텐츠에 빠진 분들이 스마트폰에서 자유로워지려면 어떻게 해야 할까요?

'그냥 안 보면 된다.'라는 말은 의미가 없습니다. 이미 습관이 굳어졌기 때문에 쉽지 않습니다. 짧고 자극적인 콘텐츠에 깊이 빠져버렸다면, 이제는 '길고 싱거운 것'을 경험해야 합니다. 그래서 많은 분들이 마라톤과 같은 긴 달리기에 열중하는 겁니다. 달리기를 하고 나면 몸과 마음이 새로워지고 기분이 상쾌해지는 것을 느낍니다. 마치 알코올중독에서 벗어난 분들이 경험하는 신선한 세상 같은 거죠.

저도 가끔 가족들과 차에 스마트폰을 놔두고 산책을 합니다. 처음엔 세상의 모든 소식이 나에게 쏟아질 것 같아 불안했지만, 결국 그런 일은 일어나지 않았습니다. 이렇게 싱겁고 긴 행동을 하면서 우리는 균형 잡힌 시선을 되찾게 됩니다.

명상도 비슷한 효과가 있습니다. 명상을 하면 릴스나 숏츠를 보더라도 중독적으로 빠져들지 않게 됩니다. 왜 그럴까요? 이렇게 단조롭지만 호흡이 긴 행동을 하면서 우리는 뇌의 한쪽만 집중하고 탐닉하는 것이 아니라, 집중과 즐거움이라는 두 가지 활동 모두가 의미 있다는 것을 서서히 깨닫기 때문이죠.

이외에도 도움이 되는 방법이 하나 더 있습니다. 바로, '느려지는 것'입니다.

릴스나 숏츠는 빠르게, 많은 이야기를 보여주죠. 그러니 반대로 '느리게' 해보는 겁니다. 느리게 한다는 건 속도를 줄이는 겁니다. 그럼 무엇이 우리를 느리게 만들까요?

보는 것보다 '쓰는 것'이 더 느리게 만듭니다. 타이핑보다는 손으로 펜을 잡고 글을 쓰는 게 훨씬 느리죠. 릴스나 숏츠에 중독된 사람들에게 펜으로 일기를 쓰게 하면 상당한 진정 효과가 나타납니다. 왜냐하면 생각을 표현하는 가장 느린 방식이 손으로 쓰는 것이기 때문입니다. 느려지면 나를 더 잘 돌아보고 내 언어와 생각을 차분히 정리할 수 있게 됩니다. 느려지는 방법은 다양합니다. 명상, 심호흡, 손글씨 쓰기 등 모두 속도를 줄여 마음을 차분하게 만듭니다.

지금 우리는 빠르고 자극적인 디지털 미디어에 익숙해져 있지만, 그 반대 방향으로 물리적·추상적 차원의 변화를 줌으로써 뇌에 더 자연스럽고 친절한 개선 경로를 제공할 수 있습니다.

즉, 자극적이고 짧은 것에 빠졌다면, 싱겁고 호흡이 긴 것을 찾아

▲ 느려지는 방법

경험하고, 빠른 것에 중독됐다면 느린 것에 집중해 보세요. 주위의 환경과 상황 속에서 이런 것들을 찾아 실천한다면, 우리 뇌는 균형 잡힌 시선을 회복할 수 있을 겁니다.

좋은 습관을 만드는 법

이제 많은 분들이 이런 질문을 떠올리고 계실 겁니다.
"그렇다면 좋은 습관은 어떻게 만들어야 하나요?"
결국 그게 궁금하시겠죠.

재미있는 점은요, 나쁜 습관이든 좋은 습관이든 우리 뇌는 그것이 형성되기 전까지는 별로 신경 쓰지 않다가, 어느 순간 우연히 굳어져 자동으로 실행된다는 겁니다.

지금 여러분이 가지고 계신 습관이 언제, 어떻게, 어디서, 왜 형성됐는지 질문을 해도, 아무도 명확하게 대답하지 못하는 이유가 바로 여기에 있습니다. 하지만 습관에는, 형성되는 규칙이 분명히 존재합니다. 이 부분을 알려드리면 어느 정도 제 의무를 다했다고 자부할 수 있겠네요.

많은 분들이 '작심삼일'이라는 말을 자주 하시잖아요? "내가 결심

했는데, 3일을 못 가더라." 이런 말. 그런데 이 말도 많이 하세요. "작심삼일을 열 번 반복하면 한 달이 되고, 백 번 반복하면 1년이 된다". 이게 말장난처럼 들리지만, 의외로 꽤 괜찮은 시도입니다. 흔히 '징검다리'라고 하죠? 목표라는 것은 '어디서부터 어디까지 가겠다.'라고 하는 큰 그림이고, 그 중간중간에 있는 작은 목표들이 바로 징검다리입니다.

즉, 10kg 감량이라는 목표가 있다면, 이번 주에 1kg, 다음 주에 1kg, 그다음 주에 1kg처럼 작은 단계들을 차근차근 밟아나가야 습관이 만들어진다는 거죠. 결국 계획이 있어야 습관이 생긴다는 뜻입니다. 하지만 이 방법만으로 만족하지 못하는 분들도 분명히 계실 겁니다. 그래서 심리학자들은, 습관이라는 현상을 정말 '습관적으로' 연구해 왔습니다.

습관은 과연 어떤 순간에, 어떤 조건에서 만들어질까요?

첫 번째로 습관 형성의 결정적 요소에 주목한 연구자가 있습니다. 바로 앞에서도 언급된 로버트 치알디니 교수입니다. 치알디니 교수 역시 습관을 가지고 있고, 습관을 거스르는 일이 얼마나 어려운지 누구보다 잘 알고 있습니다. 저도 치알디니 교수와 비슷한 습관을 갖고 있는데요, 그건 바로 논문은 집에서 잘 써지지 않는다는 겁니다. 반대로 칼럼은 연구실에서는 절대 쓸 수가 없죠. 특히 연구자들이 아닌 일반 대중을 독자로 두는 언론사 칼럼은, 연구실에서 도무지 손에 잡히지가 않습니다.

그런데 어느 순간, 원고 마감이 두렵지 않게 됐어요. 글이 술술 써지는 '조건'을 발견했기 때문입니다. 일요일 저녁, 가족과 집에서 저녁을 먹은 뒤 책상 앞에 앉아 키보드를 두드리는데, 신기하게도 일주일 내내 연구실에서 아무리 애써도 떠오르지 않던 칼럼이 술술 써지기 시작했습니다. 그때 이후로 지금까지 일주일에 한 번씩 칼럼을 연재하고 있는데, 어느덧 14년이나 이어오고 있죠. 많은 분들이 "이쯤이면 소재가 고갈되지 않았냐."라고 묻지만, 저는 농담 반 진담 반으로 "앞으로 2년 치 제목은 다 나와있다."라고 답하곤 합니다.

치알디니 교수가 주목한 것이 바로 이 지점입니다. 그는 습관이 형성되려면 반드시 'If-When-Then' 방식이 필요하다고 강조하는데요. 즉, '만약 (이때) ~를 하면, 그다음에 ~를 한다.'라는 식으로 조건과 행동이 연결될 때 비로소 습관이 굳어진다는 겁니다.

예를 들어, 하루에 한 번 꼭 복용해야 하는 약을 '아침에 일어나 양치질하고 화장실에 다녀온 뒤, 물 한 컵을 마시고 이 약을 복용한다.'라고 정해두면 됩니다. 이렇게 일주일 정도 지나면 자연스럽게 물컵에 약을 담아두고 잊지 않게 된다는 거죠.

저는 일요일에 가족과 식사하며 이런저런 대화를 나누다가 그 주에 만났던 사람, 자문했던 주제, 가르쳤던 학생들 생각을 하면서 자연스럽게 칼럼 제목을 떠올리는 If-When-Then 습관을 만들었습니다.

여기에 제 지도교수이자 인지심리학자인 아트 마크먼 Art Markman 교수는 하나를 더 첨언했습니다. 만약 If-When-Then 습관을 실행하는 날 기분이 우울하거나 조금 침체된 상태라면 오히려 좋다는 겁니다. 왜일까요?

좋은 날, 너무 행복한 날에는 우리 뇌가 '오늘만 같아라.' 하며 변화를 거부하는 반면, 살짝 울적하거나 기분이 처진 날은 뇌가 '변하고 싶다.'라는 욕구가 강해져서 습관 형성에 더 유리하다는 겁니다. 그러니 만약 오늘 기분이 평소보다 조금 울적하거나 외롭다면, 그 순간을 반기면서 속으로, '이제 변화를 시작하는구나.'라고 생각하며 원하는 좋은 습관을 If-When-Then으로 실행해 보시길 권합니다. 그렇게 딱 5일만 꾸준히 하면, 그 습관이 장착될 가능성이 90% 이상이라는 게 심리학자들의 공통된 견해입니다.

또, 하루를 마무리하는 시점보다는 하루를 시작하는 시점에 적용하는 게 더 효과적이라고 합니다. 아침 시간이 습관을 만들기에 가장 적합하다는 데에는 대부분의 심리학자들이 동의합니다.

하지만 일찍 일어나는 것보다 중요한 건, 각자에게 맞는 '아침'을 찾는 겁니다. 아침형 인간과 저녁형 인간이 있듯, 사람마다 하루의 시작 시간이 다 다릅니다. 누구에게나 아침이라는 시간대가 있게 마련이죠. 하루가 시작되는 시점에 습관을 만드는 게 좋은 이유는, 뇌가 처음에 일어난 일을 가장 잘 기억하는 경향이 있기 때문입니다.

그래서 좋은 습관은 하루가 시작되는 시간에 만들어서 삶에 자연스럽게 녹여넣는 것이 가장 효과적입니다. 아침에 일어나자마자 담배를 피우던 분이라면 '일어나자마자 담배를 피우지 않는다.'라는 식으로 행동을 바꾸는 겁니다.

마지막으로 한 말씀 더 드리자면, 습관이 쌓여서 결국 '업적'을 만든다는 사실, 잘 아시죠? 위대한 성취도 결국은 좋은 습관이 쌓여 만들어낸 결과물입니다. 수명이 점점 길어지는 이 시대에, 지금부터 좋은 습관 하나를 만들어 간다면, 그것이 앞으로의 인생을 바꾸는 큰 힘이 될 수 있습니다.

습관은 결국 우리의 삶에서 가장 중요한 '결과의 주역'이 됩니다. 어떤 위대한 업적이나 성취도 결국 좋은 습관이라는 한 장 한 장의 종이와 같습니다. 그 종이들이 쌓이고 쌓여 마침내 기둥처럼 견고해지는 것이 바로 우리 삶의 성취인 셈이죠.

여러분도 좋은 습관을 만들 수 있는 작은 방법 하나씩을 실천해 보시길 바랍니다. 그것이 무엇보다도 의미 있는 시작이 될 겁니다.

'나쁜 습관 자체를 없앨 수 없지만,
그 나쁜 습관이 실행되는 자리에
좋은 습관을 만들어 놓을 수는 있다.'

그러면 어느 순간 나쁜 습관에 대한 기억이 희미해지고,
마치 어릴 적 친구의 이름이 기억나지 않는 것처럼,
그 기억은 뇌 속에서 단서나 실마리를 잃은 채
헤매게 됩니다.

김경일의
다시 만난
심리학

더 나는 내가 되기

6강

호감 가는 사람은 무엇이 다를까?

- 호감의 요소
- 호감을 얻으려면 '이것'을 가져라
- 호감의 필수 요소 '외모'
- 타인을 인기인으로 만들어라
- 착하지만 만만하지 않은 사람의 특징
- 이성 친구에게 인기가 없는 사람
- 나쁜 사람에게 끌리는 이유

6강에 들어가기에 앞서

이번 강의에서는 '나를 더 나은 사람으로 만들어 주는 심리학' 중에서도 많은 분들이 가장 궁금해하시는 주제를 다뤄보려고 합니다. '호감 가는 사람이 되는 법', 다시 말해 매력적인 사람으로 다가가는 방법에 대한 이야기입니다.

우리는 누구나 타인에게 좋은 인상을 주고 싶어합니다. 사회생활을 하든, 인간관계를 맺든, 사람과 사람 사이에 '호감'이라는 감정은 늘 중요한 요소가 됩니다. 어떤 사람은 특별한 노력을 하지 않아도 주변의 관심과 애정을 받는 반면, 어떤 사람은 열심히 해도 어딘가 거리감이 느껴지기도 하죠. 그 차이는 어디에서 비롯될까요?

오늘은 호감 가는 사람들에겐 어떤 심리적 특징이 있는지, 그리고 우리가 가진 매력을 어떻게 더 잘 드러낼 수 있을지에 대해 심리학적인 관점에서 살펴보려 합니다.

자신의 성격과 태도, 행동의 방식 안에서 진정성 있는 매력을 발견하고, 그것을 자연스럽게 드러내는 것. 바로 그것이 오늘 우리가 함께 나눌 이야기의 핵심입니다.

호감의 요소

먼저 호감에 대해 이야기해 볼게요. 호감이란, 상대방에 대해 가지는 우호적인 감정을 통칭합니다. 즉, 상대방에게 느끼는 따뜻함, 친밀감, 또는 내 편을 들어줄 것 같은 기대, 지지에 대한 감정까지 모두 포함하는 개념이죠. 그래서 '저 사람 호감 간다.'라고 할 때는, '저 사람이 나에게 영향력을 행사할 수 있을 것이다.'라고 가정하는 셈입니다.

사람들은 타인에게 좋은 인상을 주고, 호감을 얻기 위해 다양한 노력을 기울입니다. 그러면서 이런 궁금증을 갖게 되죠. '내가 느끼는 호감은 공감대나 공통점, 친밀함에서 비롯되는 걸까? 아니면 그 사람만의 독특한 매력과 특징에서 비롯되는 걸까?'

결론부터 말씀드리면, 외모와 감정 모두 호감을 형성하는 중요한 요소입니다. 즉, 단순히 '잘생겼다' '인물이 좋다'라는 인상뿐 아니라, '저 사람은 내 마음을 이해해 줄 것 같아.' '따뜻한 사람일 거야.'라는 감정적 기대 역시 호감의 중요한 기반이 되는 거죠.

태어날 때부터 특정한 사람에게 느끼는 생물학적 끌림도 호감 형성에 중요한 역할을 합니다. 심리학 연구자들은 '한눈에 반한다' '꽂힌다'라는 감정들이 이미 생물학적으로 어느 정도 결정돼 있다고 이야기합니다. 이 생물학적 끌림은 단순히 성적인 매력만을 의미하지 않습니다. 피부 반응, 호흡, 냄새 등 화학적 요인들까지 포함하는 넓은 개념인데요. 즉, 어떤 한 개인이 유난히 매력을 느낄 수밖에 없는 상대가 있다는 겁니다.

하지만 나이가 들수록 호감은 생물학적 끌림보다 공감, 따뜻함, 친밀함과 같은 심리적 요소에 더 큰 영향을 받는다는 점이 일반적인 사실입니다. 육체적 매력이나 외모가, 호감의 큰 부분을 차지하던 젊은 시절과 달리, 나이가 들면서는 이런 요소들의 비중이 점점 줄어든다는 의미죠. 저처럼 외모적 매력이 상대적으로 떨어지는 사람에게는 희소식이 아닐 수 없습니다.

우리가 느끼는 호감, 매력, 그 외에 한 사람에 대한 긍정적 감정들은 다양한 측면에서 이해해야 합니다. 예를 들어, 젊은 남성들은 흔히 여성의 외모에 큰 매력을 느끼지만, 나이가 들면 자신의 이야기를 잘 들어주고 웃어주는 여성에게 더 큰 매력을 느끼는 경향이 있습니다.

여성도 젊을 때는 키가 크고 신체 조건이 좋은 남성에게 매력을 느끼지만, 나이가 들면서는 사회적 능력이나 성취에 더 높은 점수를 주게 되죠. 왜 그런 걸까요?

이는 호감이 가지고 있는 생존적 기능과 관련이 깊습니다. 젊었을 때는 배우자를 선택할 때 주로 건강한 후손을 남길 수 있는 가능성에 집중합니다. 하지만 나이가 들수록, 무언가를 잘 만들어 내는 능력보다 위험하거나 나쁜 일을 막아낼 수 있는 능력에 더 큰 가치를 두게 되죠.

인지심리학자들은, 사람들이 젊은 시절에는 '접근 동기'를 충족시켜 주는 대상을 매력적으로 느끼고, 나이가 들거나 관계가 오래 지속되면 '회피 동기'를 충족시켜 주는 이에게 더 큰 호감을 갖는다고 설명합니다. 즉, 나쁜 일을 막아주고 나를 괴롭게 하지 않는 사람이 사랑받는다는 뜻이죠.

사랑의 정의는 수천 가지가 있지만, 어느 정도 나이가 들고 철이 든다고 할 때는 '내가 싫어하는 것을 하지 않는 것'이 사랑이라고 말하는 경우도 많습니다.

중요한 것은 호감이 고정된 감정이 아니라, 나의 상황과 조건에 따라 매우 유동적으로 변할 수 있다는 점입니다. 나와 다른 연령대의 사람에게는 미모가 아무리 좋아도 배우자로서의 매력도는 달라질 수 있습니다. 따라서 거기에 실망할 필요는 전혀 없습니다. 내가 상대에게 호감을 주는 방법과 맥락은 매우 다양하기 때문입니다.

그런데 우리는 호감을 마치 단일종목의 경쟁처럼 생각하고, 모두가 같은 방식으로 경쟁해야 한다고 착각하는 경우가 많습니다. 하지만 실제로 내가 '이렇게 하면 저 사람이 나에게 호감을 느끼겠지.'라고 생각하는 것과, 그 사람이 '저 사람에게 호감이 간다.'라고 느끼는 것은 꽤 차이가 큽니다.

이와 관련한 재미있는 연구가 있는데요, 시카고대학교 경영대학원의 크리스토퍼 시 Christopher Hsee 교수는 '프라다 이펙트 Prada Effect'라는 실험을 했습니다.

고가의 명품을 가지고 있을 때와 없을 때, 사람들이 함께 일하고 싶어하는지를 비교한 실험이었는데, 많은 사람들은 명품을 가지고 있으면 더 매력 있어 보이고 호감을 살 거라고 생각했지만, 실제로는 대부분의 사람들이 명품을 가진 사람보다 그렇지 않은 사람과 함께 일하고 싶어했습니다. 왜 이런 결과가 나왔을까요?

사람들은 명품을 가진 사람이 더 부자이고 더 유능할 것이라고 생각하지만, 동시에 그런 사람은 '나와 협동하지 않을 것'이라는 불안감도 느낍니다. 또 작은 갈등이 생기면 나를 싫어할 거라는 우려도 작용하죠. 즉, 너무 고급스러운 외형이 때로는 호감을 만드는 데 부작용이 될 수 있다는 뜻입니다.

호감을 얻으려면 '이것'을 가져라

최근에는 이런 질문도 많이 들어옵니다.

"직장 상사가 부하 직원에게 '저 친구 눈치가 빠르다.'라고 말했을 때, 그게 호감으로 이어질까요?"

그런데 여기에는 별개의 요소가 작용합니다. 캐나다 캘거리대학교의 이기범 교수를 비롯한 많은 성격심리학자들은 '정직과 겸손'이 상대방의 눈치 빠름이나 자존감보다 더 중요한 호감의 요소라고 말합니다.

정직하지 않은데 눈치만 빠른 사람은 신뢰받지 못합니다. 반면, 정직하고 겸손하지만 눈치가 둔한 사람은 신중하다고 평가받습니다. 결국, 진정성이 핵심이라는 얘기죠. 수많은 성격 연구와 대인관계 연구에서 진정성이 최고의 덕목으로 꼽히는 이유입니다.

성격이 서로 달라도, 외향적이든 내향적이든 맞는 성격과 그렇지 않은 성격이 있을 뿐입니다. 다만, 진보적인 사람과 보수적인 사람은 가까운 관계를 유지하기 어렵다는 연구도 있습니다. 실례로, 미국에서 민주당 지지자는 공화당 지지자와 결혼하지 말라는 권고가 있죠. 친구로는 괜찮지만, 부부관계는 정치적 이념이 다르면 어렵다는 겁니다.

모든 관계에서 진정성을 유지하는 건 쉽지 않지만, 그렇지 못한 관계는 대부분 좋지 않은 기억과 아픈 상처로 남습니다. 누군가에게 호감을 얻고 싶고, 사랑받고 싶고, 존중받고 싶다면 가장 먼저 해야 할 일은 '내가 진정성을 가지는 것'입니다.

진정성은 단순한 솔직함과는 다릅니다. 내가 원하는 바를 품격 있게, 솔직하면서도 위트 있게 표현할 때 드러나는 게 진정성이라고 할 수 있습니다. 하지만 그런 성숙함은 쉽게 얻어지지 않죠. 나이가 들고 경험을 쌓으면서 조금씩 만들어지는데, 그때 느끼는 감정이 바로 호감입니다.

솔직한 사람을 보며 '주책이다'라고 느끼기도 하고, 겸손한 사람을 보며 '위선적이다'라고 느끼기도 하는데, 그 경계에서 균형을 찾는 것이 바로 호감의 핵심입니다.

호감의 필수 요소 '외모'

하지만 그럼에도 불구하고 외모는 여전히 호감에 큰 영향을 미칩니다. 여기서 외모는 단순히 얼굴만 이야기하는 것은 아닙니다. 그렇게 생각하면 큰 오해죠. 외모란, 그 사람이 보여주는 전체적인 모습입니다.

저는 얼마 전 어떤 회사에서 '탕비실에서 양치질하는 부장님' 이야기를 들었습니다.

한 젊은 사원이 "부장님이 탕비실에서 양치질하는 모습만 보면 뒤통수를 한 대 쳐주고 싶다."라고 했다는 겁니다. 저는 그 회사 탕비실에서 양치질을 하는 그 부장님을 만나게 됐어요. 정말 잘생기셨더라고요. 꽃중년이라는 말이 딱 어울린다고 해도 과언이 아니었죠. 그런데 그분이 탕비실에서 양치질을 할 때, 세상에서 가장 듣기 거북한 소리를 냈습니다. 결국 소리도 외모와 마찬가지로 이미지의 일부라는 생각이 들었습니다. 반면에 어떤 직원은 늘 밝은 미소와 친절한 말투, 그리고 걸음걸이까지도 사람들에게 좋은 인상을 줍니다.

이처럼 외모는, 얼굴뿐만 아니라 태도, 표정, 말투, 몸짓, 심지어 냄새 등 여러 요소가 함께 어우러져 인식됩니다.

사진으로 봤을 때 지구상에서 가장 빼어난 미모를 가진 여성이 한 분 계신데, 이분에게는 24시간 도저히 감당할 수 없는 냄새가 납니다. 견딜 수가 없죠. 그래서 많은 분들이 이야기합니다. 나이 들수록 소리와 냄새를 관리해야 한다고 말이죠.

회의할 때마다 큰 소리를 내는 분, 그리고 "아이고, 더워라." 하면서 묘한 냄새를 풍기는 분들을 본 적 있을 겁니다. 제가 너무 원색적으로 말씀드려서 지금 상상하실 수도 있겠지만, 일상생활에서 그런 분들을 좋아해 보신 적이 있나요?

그러니, 이렇게 총체적인 오감이 다 외모에 포함된다는 사실을 잊지 말아야 합니다.

그런데 이런 생각도 들 수 있습니다. 과연 이 모든 외모를 관리하며 살 수 있을까? 맞아요, 쉽지 않습니다.

저라면 외출 전 2시간 동안 마흔 가지가 넘는 체크리스트를 통해 꼼꼼히 점검해야 할 것 같아요. 마치 화장실에 있는 관리 일지처럼 말이죠. 솔직히 저도 그렇게 살긴 싫습니다.

하지만 분명한 것은, 그 자리에 있는 많은 사람들에게 불편함을 주어 호감에서 멀어지는 일만큼은 반드시 피해야 한다는 점입니다. 이를 위한 좋은 방법 중 하나가 바로 '솔직한 친구'를 가까이 두는 것이죠.

많은 분들이 솔직한 친구를 싫어하는데, 사실 솔직한 사람들은 대부분 예민한 사람들이에요. 예민하지 않으면 솔직할 수 없거든요.

저는 맛에 굉장히 둔감해서 억울한 적이 많아요. 음식 맛을 물어보면 다 맛있다고 하니까, 대학 동창들 사이에선 "경일이가 맛 없다고 하면 상한 음식이야."라는 농담도 했었죠. 그런데 그런 둔감함 때문에 의외로 솔직하지 못하다는 지적을 받기도 합니다.

물론 예민한 사람이 다 솔직한 건 아니지만, 예민하고 솔직한 사람들은, 대부분 외로운 경우가 많습니다. 왜냐하면 그들의 솔직함이 주변에 불편함을 주기 때문이죠.

저에게도 예민하고 솔직한 친구가 한 명 있는데, 어느 날 그 친구가 "야, 너 오늘 옷이 좀 이상한데?"라고 하더라고요. 실제로 제가 입은 옷을 AI에 넣어봤더니 촌스럽다고 했어요. 그런 친구가 있어서 최악의 패션 테러를 막을 수 있었습니다. 하지만 만약 그 친구를 싫어하고 멀리했다면, 저는 제 외모 관리를 못하는 악순환에 빠졌을 겁니다.

나를 객관적으로 봐주고 불편한 점을 솔직하게 알려줄 수 있는 친구는 의외로 매우 소중한 존재입니다. 물론 '지적질만 하는 사람'은 좋은 친구가 아니겠죠. 예민하고 솔직한 친구는 문제점뿐만 아니라 "그럴 때는 이런 방법을 써봐."라는 대안도 함께 제시해 줍니다.

우리는 살아가면서 점점 좋은 것을 더 갖고 싶다기보다, '나쁜 것을 막고 싶다.'라는 쪽으로 마음이 움직입니다. 물론 이것만으로는 안 되고, 희망과 발전도 필요하지만 어느 정도는 자연스러운 변화라고 할 수 있습니다. 그래서 저는 이렇게 생각합니다. '다른 사람에게 불편함을 주지 않을 정도로만 관리하자. 크게 문제되지 않을 정도로만 신경 쓰자.' 저라면 외모 관리는 거기서 끝낼 것 같습니다.

타인을 인기인으로 만들어라

특별한 재능이나 뛰어난 점 없이도 인기가 많은 사람들은, 어떤 특징이 있을까요? 사실 인기가 많은 사람들은 자기 자신이 인기를 얻는게 아니라 '타인'을 인기인으로 만들어 줍니다.

잘 웃어주고, 눈을 맞춰주고, 상대의 말에 감탄사를 적절히 넣어주는 사람들.

정신분석 전문가들이 상담가를 양성할 때 꼭 가르치는 세 가지가 있는데, 첫째가 '눈 맞추기', 둘째가 '고개를 사선으로 끄덕여 주기', 셋째가 "아~!"라는 '감탄사 넣어주기'라고 합니다.

이렇게 하면 상대방을 존중하는 마음을 보여주게 되고, 상대방도 나를 존중하게 된다고 하죠. 특별한 능력이 없는 평범한 사람도 이런 태도만 잘 갖추면 인기인이 될 수 있습니다.

그런데 우리는 이 간단한 원칙을 잘 지키지 못합니다. 관심받으려고 애쓰면서 정작 상대에게는 관심을 주지 않는 경우가 많죠. 그래서 '상대에게 진심으로 관심 갖기'가 필요합니다. 잘 듣고, 고개를 끄덕이고, 상대의 말을 이해하며, 궁금한 점은 질문하는 것. 이 모든 것이 호감의 기본입니다.

요즘 보면 스피치 학원은 많은데 '리스닝' 학원은 없더라고요. 말하기보다 듣기가 더 중요하다는 걸 모두가 알아야 합니다. 제가 이런 이야기를 자주 하는 이유는, 저도 듣기를 너무 못해서 겪은 실패와 후회가 많기 때문입니다.

▲ 호감의 원칙.
눈 맞추기, 고개를 사선으로 끄덕여 주기,
"아~!"라는 감탄사 넣어주기

착하지만 만만하지 않은
사람의 특징

착하지만 만만하지 않은 사람들의 특징도 이와 비슷한 맥락에서 이해할 수 있습니다. 종종 우리는, 착한 사람이라는 이유로 만만하게 여겨져, 같은 잘못을 저질러도 더 큰 꾸중이나 처벌을 받는 모습을 목격하곤 합니다. 이럴 때 그 사람 탓만 할 게 아니라, 그 사람 주위의 환경과 사람들을 먼저 살펴봐야 합니다.

기업 현장에서도 이런 일이 많이 일어납니다. 같은 잘못을 저질렀는데, A라는 사람은 조금 까칠하면서 되바라졌고, B라는 사람은 착하고 온순한 성향이라고 가정해 봅시다. 이 경우 조직의 리더가 B를 더 심하게 징계하거나 꾸짖는다면 문제가 생길 수 있습니다. B를 '만만하게 봤기' 때문이죠. 이런 상황이 반복되면 조직은 망하기 쉽습니다. 조직원들은 '덜 혼나려면 더 거칠게 행동해야 한다.'라는 잘못된 교훈을 배우게 되고, 태도가 더 거칠어지기 때문입니다. 이런 상황이 반복되면, 결과적으로 착한 사람들은 떠나고 나쁜 사람들만 남는 악순환이 벌어집니다.

그래서 '착한데 만만하지 않은 사람'의 특징을 이해하는 것이 중요합니다. 심리학자들은 이를 '이타적이면서도 적정한 우호성을 유지하는 사람'이라고 표현합니다. 이타적인 사람은 기본적으로 착하고, 우호성은 '모든 사람과 잘 지내려는 정도'를 뜻합니다.

만약 이타적인 사람이 모든 사람과 다 잘 지내려고만 한다면, 우호성이 지나치게 높아져서 만만해 보이기 쉽습니다. 갈등을 피하고 싸움을 원하지 않기 때문이죠. 하지만 착하면서도 만만하지 않은 사람들은, 모든 사람과 다 잘 지내려는 현실적인 불가능성을 인정하고, 자신만의 선을 긋는 사람들입니다.

내가 도저히 같이 잘 지낼 수 없는 사람은 깨끗하게 포기하거나, 아니면 그들에게 집착하지 않는 용기와 결단을 가져야 합니다. 대부분 이타적인 태도는 나보다 약하거나 불리한 사람에게서 드러나기 마련입니다. 하지만 부당한 행동을 하는 사람과 억지로 잘 지내려 애쓰는 건, 오히려 자신을 괴롭게 만들 뿐입니다. 그런 사람은 담담히 포기하는 것이 나를 위한 정의로운 태도입니다.

즉, 우리는 이타적이면서도 정의로운 사람이 될 필요가 있습니다. 그렇다면 '나에게 정의란 무엇인가?'라는 질문에 대해 스스로 답할 수 있어야 합니다. 나만의 '정의Justice'는 무엇인지 '정의Define'내리는 것이 중요하다는 뜻입니다. 내가 옳다고 믿는 가치를 분명히 하는 것이야말로 진짜 정의의 출발점이니까요.

예를 들어, '직장이란 단순히 일을 하는 공간이 아니라, 최소한 동료의 기쁨과 슬픔을 함께 느끼고 공감할 수 있는 곳이어야 한다.'라고 생각하는 사람이 있다면, 그 생각 자체가 바로 그 사람의 정의입니다.

여기서 말하는 '일Work' 역시, '이 정도면 충분하다.'라고 스스로 선을 그을 수 있어야 하며, 급여는 단순한 대가가 아닌, 내가 지속 가능하게 살아가기 위한 '최소한의 안전장치'라는 인식이 필요합니다. 옳고 그름을 떠나, 정의가 있어야 한다는 의미입니다.

그래서 저는 여러분이 어떤 주제든 '내가 생각하는 정의'를 스스로 정리해 보셨으면 합니다. 자기만의 정의를 내리는 것은 고정관념이나 편견, 불필요한 고집을 버리는 데도 도움이 됩니다. 자기 정의를 명확히 하다 보면 자연스럽게 내가 넘어서는 안 될 선을 알게 되고, 상식의 범위를 벗어난 부조리하거나 무례한 행동을 스스로 경계할 수 있기 때문입니다.

착하지만 만만한 사람들의 가장 가슴 아픈 공통점이 자기만의 정의가 없다는 겁니다. 그래서 선을 넘는 사람들이 선을 넘으면, 그 선을 물리쳐야 할 책임이 결국 자신에게 돌아오죠. 그렇기 때문에 우리는 반드시 자기만의 정의를 내려야 합니다.

우리는 학교에서 정의가 무엇인지에 대해 진지하게 생각해 보는 경험을 거의 해보지 못했습니다. 대부분 '무엇의 특징' '무엇의 요소'와 같은 문제만 풀었죠. 그래서 뛰어난 학교 성적에도 불구하고 사회에서는 우등생이 되지 못하는 이유 중 하나가 바로 여기에 있다고 생각합니다.

자기만의 확고한 정의를 세우지 못하면 흔들리기 쉽고, 그런 모습을 비겁하거나 못된 사람들은 쉽게 이용합니다. 흥미로운 점은, 비겁하거나 못된 사람일수록 자기만의 확고한 정의를 가진 사람을 가장 두려워

한다는 사실입니다. 그래서 자기 정의를 명확히 말할 줄 알고, 타인의 정의도 들어볼 줄 아는 사람과 대화하는 것이 매우 중요합니다.

저도 친구들과 만나면 "AI는 이런 거야." "4차 산업혁명은 이렇지." "직장이란 이런 곳이고, 정치는 이렇게 해야 한다."와 같은 정의를 나누곤 합니다.

그런데 신기한 점은, 자기 정의가 확고한 사람들끼리 만나면 서로 다른 정의를 교환하며 더 정교하고 성숙한 정의를 만들어 낸다는 겁니다. 반면, 자기 정의가 없는 사람들은, 만날 때마다 고집만 부리고, 사소한 차이를 이유로 불꽃 튀는 싸움을 하며 관계가 깨집니다. 그런 사람들은 '만만한' 사람은 아니지만 '싫은' 사람이 되는 경우가 많습니다.

이성 친구에게 인기가 없는 사람

자, 그런데 이런 이야기를 하는 분들도 있습니다.

"동성 친구들 사이에서는 인기가 많은데, 이성 친구들한테는 인기가 없어요."

흥미로운 건요, 그 반대의 경우, 동성 친구들한테는 인기가 없는데 이성 친구들한테는 인기가 많은 경우는 거의 없다는 점입니다. '동성인 남자 친구들은 내 가치를 너무 잘 아는데, 이성인 여자 친구들이 내 가치를 몰라본다.'라는 경우가 대부분이라는 겁니다.

우리는 왜, 동성 친구들에게 인기가 있는데 이성에게는 인기가 없다고 느낄까요?

사실 이 질문을 조금 더 발전시켜서 "동성에게 인기 있는 요소와 이성에게 인기 있는 요소가 다를까요?"라고 묻는 경우도 있는데요, 연구에 따르면, 동성에게 매력적으로 보이지 않는 사람은 이성에게도 호감을 얻기 어렵다고 합니다. 그 이유는 이성이 나를 평가할 때 내 동성 친구들의 평가를 참고하는 경우가 많기 때문입니다. 즉, 동성에게 좋은 평판을 얻는 것이 매우 중요하다는 겁니다. 그 평판이 결국 이성에게도 전해지니까요.

물론 다 그런 건 아닙니다. 하지만 동성에게 기대하는 것이 '모두에게, 그리고 나에게도 잘해주는 것'이라면, 이성에게는 '적어도 나에게만큼은 특별히 더 잘해줘야 한다.'라는 기대가 담겨있는 경우가 많습니다. 왜냐하면 인류에게는 '윤리'라는 개념이 있어서, 동성 친구들과의 만남과 이성과의 만남은 문화적으로 다르게 인식되는 경우가 많기 때문이죠.

나쁜 사람에게 끌리는 이유

그렇다면 동성 친구들과는 어떤 요소가 중요할까요? 바로 '우호성'입니다. 누구와도 기본적으로 좋은 관계를 맺을 수 있는 친근함이 필요하죠. 반면 이성에게는 '관계에 대한 집중'이 필요합니다.

예를 들어, 동성 친구들끼리 모였을 때는 휴대폰을 보면서 "야, 오늘 경일이가 온다고 했는데 안 왔네. 통화 좀 해볼까?" 하는 행동이 자연스럽고 괜찮죠. 하지만 이성 친구, 특히 연인과 있을 때 그런 행동은 별로 좋은 인상을 주지 않습니다. 즉, 관계의 깊이와 집중도는 동성·이성 간에 차이가 있다는 겁니다.

하지만 동성에게 인기 있는 요소와 이성에게 인기 있는 요소를 너무 구분하는 건, 결국 내 주변 친구들에게 좋은 평판을 얻지 못했다는 변명일 수 있습니다.

이성과 관련된 얘기가 나왔으니 한 가지 더 말씀드리자면, '옴므파탈' '팜프파탈'처럼 나쁜 사람에게 끌리는 현상도 분명 있습니다. 왜 그럴까요? 바로 '외로움' 때문입니다.

심리학에서 외로움은 오랫동안 연구돼 왔는데요, 외로운 사람은 못된 사람에게 매력을 느끼는 경우가 많습니다. 외로운 임원들이 못돼 보이는 직원을 과대평가하는 경우도 종종 있죠. 그래서 나쁜 사람을 만나지 않으려면 평소에 원만한 인간관계를 유지해 외롭지 않은 상태를 만드는 게 가장 중요합니다.

그런데 왜, 외로운 사람들은 나쁜 사람에게 더 매력을 느낄까요? 자극적이기 때문입니다.

외로움과 자극적인 것의 관계는 오래된 연구 주제인데, 외로운 사람은 자극적인 음식, 영화, 경험 등을 선호합니다. 내용의 질이나 수준보다 '자극' 자체에 끌리는 거죠.

즉, 외로움은 자극이 부족한 상태라서 자극적인 것에 끌리게 된다는 물리적인 해석도 가능합니다. 그래서 외로움이 깊어질수록 자극적인 갈등, 싸움, 즐거움에 더 끌리고, 결국 나쁜 사람에게도 매력을 느끼는 함정에 빠질 수 있다는 점을 항상 경계해야 합니다.

꼭 인기가 많아야 하는 건 아닙니다. 인기는 결국 외부의 시선이니까요. 하지만 내가 다른 사람들에게 호감을 줄 수 있다면, 내가 원하는 것을 이루고 바람직한 방향으로 나아가는 데 큰 도움이 될 겁니다. 말씀드린 내용을 잘 참고하셔서 일상생활에 좋은 활력으로 삼으시길 바랍니다.

진정성은 단순한 솔직함과는 다릅니다.
내가 원하는 바를 품격 있게,
솔직하면서도 위트 있게 표현할 때 드러나는 게
진정성이라고 할 수 있습니다.

하지만 그런 성숙함은 쉽게 얻어지지 않죠.
나이가 들고 경험을 쌓으면서 조금씩 만들어지는데,
그때 느끼는 감정이 바로 호감입니다.

김경일의
다시 만난
심리학

타인과 잘 지내기

7강

나쁜 사람은 무조건 피해야 할까?

- 자신을 높이기 위해 타인을 깎아내리는 사람 '나르시시스트'
- 약자를 무가치한 존재로 여기는 '마키아벨리즘'
- 인류 최악의 성격장애 '사이코패시'
- 멀어지고 끊어내야 할 관계
- 주변에 있는 '못난 삼각형'
- 거리를 두어야 할 사람 '빅 마우스'
- 빅 마우스 대처법
- 거리를 두어야 할 사람 '가식적인 사람'
- 가식적인 사람 대처법
- 좋은 사람이란, "내가 도와줄 수 있는 건 이거야."라고 말하는 사람

7강에 들어가기에 앞서

사회생활을 하다 보면 사람 때문에 힘들어질 때가 많습니다. 심리학에서는 우리가 겪는 스트레스의 상당 부분이 인간관계에서 비롯된다고 설명하는데요. 그래서 어떤 사람을 가까이 두고, 또 어떤 사람과는 거리를 두어야 하는지 아는 것이 매우 중요합니다.

우리가 인간관계에서 흔히 마주하는 문제적 유형은 몇 가지로 나눌 수 있습니다. 겉으로는 친절하지만 속으로는 자신만을 위해 타인을 조종하는 사람, 늘 흠만 잡으며 상대를 깎아내리는 사람, 무슨 일이든 자신을 피해자로만 여기는 사람, 그리고 사소한 일에도 분노를 폭발시키는 사람 등이 있습니다. 이들은 우리의 자존감과 감정을 소모시키며, 관계 자체를 불안정하게 만듭니다.

또 꼭 해롭지 않더라도 주의가 필요한 사람들도 있습니다. 늘 부정적인 말만 하는 사람, 끊임없이 남과 비교하려는 사람, 자기 이야기만 하고 공감하지 못하는 사람이 대표적입니다. 이들과 오래 지내다 보면 마음의 여유가 줄고 삶의 만족감이 낮아질 수 있습니다.

우리가 사회에서 마주하는, 이른바 '빌런'과 같은 사람들. '도대체 왜 저러는 걸까?' 싶은 사람들. 그런 이들을 우리는 어떻게 대처해야 하는지 심리학의 시선에서 풀어보고자 합니다.

자신을 높이기 위해
타인을 깎아내리는 사람
'나르시시스트'

    심리학자들은 절대 가까이해서는 안 되는 사람들을 이렇게 표현합니다.

    '내 삶에 대한 영향력을 중단시켜야 하는 사람들.'

    이들은 심리학에서 '어둠의 삼각형', 즉 '다크 트라이어드Dark Triad'로 불리는 성격 특성을 가집니다. 이 세 가지는 바로 나르시시즘Narcissism, 마키아벨리즘Machiavellism, 그리고 사이코패시Psychopathy 혹은 소시오패시Sociopathy입니다.

    이들은 우리의 정신적 건강과 자존감을 깊이 침해할 수 있는 사람들이니, 가급적, 아니 가능하다면 반드시 피해야 합니다.

    먼저, 나르시시즘부터 살펴볼까요? 우리는 흔히 나르시시즘을 '자기애'로 오해하곤 합니다. 거울을 보며 "나 너무 멋져." "너무 잘생겼어." "나는 최고야."라고 말하는 사람을 떠올리기 쉽죠. 물론 그런 모습도 나르시시즘의 일면일 수 있지만, 진짜 문제는 훨씬 더 깊은 데

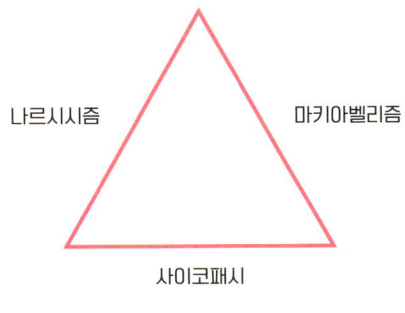

▲ 어둠의 삼각형

에 있습니다.

나르시시즘은 자존감과 자주 혼동되지만, 사실 이 둘은 분명히 다릅니다. 자존감이 높은 사람은 자신을 긍정적으로 평가하는 동시에 타인도 함께 인정하고 존중할 줄 압니다. "이번 성과는 저희 팀이 정말 열심히 해준 덕분이에요."라고 말할 수 있는 사람이죠. 나 자신만큼이나 타인의 기여를 기꺼이 인정할 수 있는 태도, 이것이 자존감 높은 사람의 특징입니다.

2000년대 초반에 방영된 미국 드라마 〈밴드 오브 브라더스Band of Brothers(HBO, 2001)〉를 아시나요? 이 드라마는 실존 인물들의 이야기로 구성돼 있으며, 그중에서도 윈터스 대위는 훌륭한 리더십의 상징으로 자주 언급됩니다. 그는 냉철함과 헌신, 겸손한 태도로 동료 장병들의 깊은 존경을 받았고, 그 리더십은 미 육군사관학교 교범에도 소개될 만큼 이상적이었다고 평가되죠.

2차 세계대전을 배경으로 한 이 드라마는, 전쟁이 끝난 뒤 손자가 윈터스 대위에게 질문을 하는 장면으로 마무리됩니다.

"할아버지는 전쟁 영웅이셨다면서요?"

그러자 윈터스 대위가 이렇게 답하죠.

"아니, 할아버지는 그저 영웅들 사이에서 함께 싸웠을 뿐이란다."

자신의 공로를 과장하지 않고, 동료들의 노고도 함께 인정하는 태도는, 자존감이 건강한 사람에게서 흔히 볼 수 있는 모습입니다.

반면, 나르시시즘에 빠진 사람은 다릅니다. 같은 칭찬을 들었을 때, 예를 들어 "이번에 정말 잘했어, 멋졌어."라는 말을 들으면, 이렇게 말할 가능성이 높습니다.

"저희 팀 그 멍청한 애들을 데리고 제가 다 해냈습니다."

자신을 높이기 위해 타인을 깎아내리는 것, 이것이 바로 자존감과 나르시시즘의 결정적인 차이입니다. 이들에게는 타인을 칭찬하는 말이 거의 존재하지 않습니다. 타인을 인정하면, 자신이 돋보이지 않는다고 느끼기 때문이죠. 그래서 나르시시즘에 빠진 사람과 함께 일하면, 내 공을 가로채는 건 기본이고, 그걸 정당화하기 위해 반드시 나를 무능하게 만듭니다. 나를 깎아내려야 자신이 더 빛날 수 있다고 믿으니까요.

이런 성향은 어린 시절부터 길러지는 경우가 많습니다. 대표적인 것이 과도한 칭찬, 혹은 지나치게 비교 중심적인 훈육입니다. 예를 들어, "우리 애가 구구단 외웠어요! 천재인가 봐요!" 혹은 "아이가 막 걷기 시작했는데 대단하지 않아요?"와 같은 호들갑스러운 칭찬이 반복될 때 아이는 현실적인 자기평가가 아니라, 과장된 이미지에 스스로를 맞추려 합니다.

또 "95점 맞았어."라고 하는 아이에게 "다른 애들은 몇 점이야?"라고 묻는 식의 비교 역시 문제를 키웁니다. 자신만의 기준보다 타인보다 우위에 서는 데 더 집착하게 되는 거죠. 결과적으로 '나는 남보다 잘나야만 의미가 있다.'라는 믿음을 가지게 됩니다.

그렇다면 이런 사람들과는 어떻게 지내야 할까요? 단호하게 말하자면, 안 만나는 게 상책입니다. 하지만 현실은 그렇지 않죠. 직장 상사가 나르시시스트일 수도 있고, 프로젝트 파트너일 수도 있으니까요. 그런 상황이라면, 이 사람이 성과를 인정받는 자리에 반드시 함께 있어야 합니다. 그래야 내가 없을 때 '이 성과는 내 것이었다.'라고 주장하는 걸 막을 수 있습니다.

부하 직원이 나르시시스트인 경우도 마찬가지입니다. 절대로 단둘이 있을 때 칭찬하지 마세요. 반드시 여러 사람이 있는 자리에서 칭찬해야 합니다. 그래야 그들이 과장하거나 왜곡하는 것을 예방할 수 있고, 공정한 분위기를 유지할 수 있습니다.

약자를 무가치한 존재로 여기는 '마키아벨리즘'

나르시시즘과는 또 다른 성향의 문제적 유형이 바로 마키아벨리즘입니다. 이름 그대로 마키아벨리의 『군주론』에서 유래한 말이죠. 사람을 도구로 여기는데, 장기판의 '졸卒'처럼, 쓰고 버려도 아무렇지 않게 생각합니다. 사람을 그저 목적을 위한 수단으로 보는 거죠.

즉, 어떤 사람의 신념을 무너뜨리고 싶을 때 그 사람에게 그 신념에 반하는 행동을 하도록 만드는 겁니다. 이유나 맥락은 중요하지 않아요. 이건 조폭영화에서 자주 볼 수 있는 장면입니다. 처음 조직에 들어온, 마음씨 착한 인물에게 억지로 손에 피를 묻히게 하죠. 그러면 그 사람은 점점 자신의 행동을 합리화하며 나쁜 사람으로 변해갑니다.

이처럼 마키아벨리즘은 단순한 성향을 넘어, '행동이 바뀌면 생각도 바뀐다.'라는 심리학의 중요한 이론에 기반하고 있습니다. 그래서 마키아벨리즘 성향을 가진 사람을 상대할 때는, 특히 관계 초반에는 그 사람이 요구하는 작고 사소해 보이는 나쁜 행동조차 절대로 해서는 안 됩니다. 그 행동을 수락하는 순간, 그 사람은 곧 이렇게 말하게 됩니다.

"봐, 너도 이런 사람이잖아."

이처럼 상대는 행동 하나로 나의 정체성을 왜곡하며 통제의 기반을 쌓기 시작합니다.

그렇다면 이런 사람들은 우리에게 어떤 신호를 보낼까요? 그들은 평소 약자를 '무능한 사람', '가치 없는 존재'로 묘사합니다. 가장 싫어하는 사람이 착한 약자죠. 그들에게 착한 사람은 오직 '희생시킬 대상'일 뿐입니다. 그래서 마키아벨리즘 성향을 가진 사람들은 약자를 대할 때 반드시 왜곡된 인식을 드러냅니다.

약자를 나약하거나 나쁜 존재로 규정짓고, 심지어 '가난은 죄'라고 생각하기도 합니다. 이 정도 인식이 지속적으로 관찰된다면, 그 사람은 마키아벨리즘적 성향을 강하게 가졌다고 봐야 합니다.

그렇다면, 이런 사람들은 어떻게 대응해야 할까요? 가장 좋은 방법은 만나지 않는 것, 즉 거리를 두는 것입니다. 하지만 많은 분들이 이렇게 말하죠.

"그 사람이 제 직장 상사예요."
"가족이에요. 끊어낼 수가 없어요."

맞습니다. 당장은 공존해야 할 수도 있습니다. 하지만 장기적으로는 반드시 관계를 정리해야 합니다. 이건 시간이 지나면 저절로 해결되는 문제가 아니기 때문입니다.

공존이 불가피한 상황이라면, 꼭 기억해야 할 점이 있습니다. 절대로 '약한 모습'을 보이면 안 된다는 겁니다. 보통 우리가 생각하는 '약한 모습'은 괴로워하거나 쉽게 무너지는 상태일 수 있겠지만, 마키아벨리스트들이 말하는 약함은 조금 다릅니다. 그들에게 가장 약한 모습은 '쉽게 동의하는 것'입니다.

예를 들어, 마키아벨리즘에 빠진 상사가 이렇게 말할 수 있습니다.
"김 대리, 오늘 점심에 설렁탕 먹을까?"
평소라면 이렇게 대답하겠죠.
"어, 저도 설렁탕 먹고 싶었어요!"
하지만 이런 사람들에겐 그렇게 답하면 안 됩니다.
"음, 생각 좀 해보겠습니다."
이렇게 잠시 거리를 두는 말로 응답하는 게 중요합니다.

그 짧은 유보의 태도가, 상대가 당신을 '순종적이고 만만한 사람'으로 단정 짓는 걸 막아주는, 심리적 방어선이 됩니다. 물론, 그렇게까지 해야 하나 싶을 수도 있습니다만, 그런 사람들에게 반복해서 피해를 입고 있다면, 작은 행동 하나하나에도 방어적 태도를 유지하는 것이 결국 자신을 지키는 길이 됩니다.

큰 둑이 무너지기 전에 자주 점검하고 보수하듯이, 일상에서의 이런 소소한 대응이 매우 중요합니다.

인류 최악의 성격장애 '사이코패시'

마지막으로, 최악의 유형이 있습니다. 이 사람들과는 공존조차 하지 말고, 즉시 피하셔야 합니다. 저는 농담처럼 이렇게 말하곤 합니다.

"가까운 군부대나 경찰에 신고하세요."

그들은 인류 최악의 '어둠의 삼각형' 중 하나인, 사이코패시입니다. 사이코패시는 언뜻 마키아벨리즘과 비슷해 보이지만, 본질적으로는 다릅니다. 마키아벨리즘은 사람을 수단으로 조종하려 하는 반면, 사이코패시는 사람 자체를 무의미하게 여긴다는 차이가 있습니다.

사이코패시의 가장 큰 특징은 '애착'이 없다는 겁니다. 애착이란 공존하고 싶은 마음, 즉, 함께 살아가고자 하는 기본적인 인간의 정서입니다. 부모가 아이를 사랑하는 것도, 아이가 다치거나 배고프지 않도록 돌보는 것도 다 애착에서 비롯됩니다. 아이가 고통받으면 생존이 위협받고, 그건 곧 공존의 실패를 의미하니까요.

그런데 사이코패스는 이 애착이 결여돼 있어서 사람과의 관계에서도 기본적인 정서적 연결이 없습니다. 그들은 타인을, 돌봐야 할 존재가 아닌, 무감각하게 이용하거나 해칠 수 있는 대상으로만 여깁니다.

애착이 있는 부부, 애착이 있는 가족, 그리고 애착이 있는 관계에서는 상대방을 떠나보내는 게 매우 힘듭니다. 내가 속한 세상이나 공간에서 상대방과 떨어지는 것을 가장 견디기 어려워하죠. 같은 반 정이 든 친구도 이와 비슷한 애착의 일종입니다. 만약 그 친구가 전학을 간다면 괴롭고 힘들어지죠. 애착이 생겼기 때문입니다.

그런데 사이코패스는 이런 애착이 없습니다. 가끔 학생들이 저에게 이렇게 묻습니다.

"교수님, 사이코패스한테는 열정적인 감정 같은 게 없겠죠?"

전 이렇게 답합니다.

"사이코패스한테도 애정이 있을 수 있고, 그 사람이 없으면 견디기 힘든 순간이 충분히 존재합니다. 누구보다 더 열렬하게 사랑에 빠질 수도 있어요. 왜냐하면 사랑과 애정은 그 사람이 있으면 설레고 좋은 감정이니까요."

하지만 애착은 다릅니다. 애착은 '그 사람이 없으면 안 된다.'라는 강한 소망, 즉, 그 사람이 나와 같은 세상에 공존하길 바라는 마음입니다. 그래서 사이코패스는 애정은 느낄 수 있지만, 애착은 하지 못합니다. 너보다 더 열렬히 사랑에 빠질 수 있지만, 애정이 끝난 순간에는 "너 없이도 살아갈 수 있다."라고 판단하며, 심지어 치정 살인과 같은 극단적 행동도 저지르곤 합니다. 이게 바로 사이코패스의 가장 큰 특징인 '무애착성'이죠. 상대가 떠난다거나 관계를 끝내겠다고 말하면, 충동적인 위협이나 공격으로 발작적인 반응을 보이는 경우가 많습니다. 정말 쉽지 않은 유형입니다.

반면, 나르시시즘이나 마키아벨리즘에 빠진 사람들은 어느 정도 지적 수준과 사회성을 갖추고 있어서 직장 상사, 선후배, 이웃으로 우리 주변에 존재합니다. 이들은 끔찍한 범죄를 순간적으로 저지르진 않지만, 신체적 피해가 없더라도 정신적으로 큰 고통을 줄 수 있어 최대한 빨리 관계를 끊는 것이 필요합니다.

이런 사람들과의 관계 단절은 미덕이나 단순한 선택이 아닌, 용기가 필요한 결정입니다. "무서운데 어떻게 용기를 내죠?"라고 할 수 있지만, 심리학자들은 이렇게 말합니다.

"반응과 결정은 다릅니다. 공포는 반응이고, 용기는 결정입니다."

두려움과 불안, 놀람과 같은 감정은 자연스러운 반응이며, 이것이 약하다는 뜻이 아닙니다. 하지만 관계를 단절하는 용기는 별개의 결정인 것이죠.

때때로 우리는 이런 감정에 사로잡혀 아무 행동도 못 하고 어리석은 결정을 내리기도 합니다. 사이코패스와 같은 사람을 만났을 때는 두려워하고 놀라는 것이 오히려 정상적이고 현명한 반응입니다. 반대로 "난 괜찮아. 무섭지 않아."라고 생각하는 게 더 위험하고 어리석은 태도입니다. 두려움은 당연한 감정이니 받아들이고, 그다음에는 지혜로운 결정을 내려 관계를 끊을 용기를 가지면 됩니다.

멀어지고 끊어내야 할 관계

그렇다면, 이렇게 멀어져야 하고 끊어내야 할 관계들은 어떤 유형으로 분류될까요?

일반적으로 심리학에서는 이런 관계를 '성격장애'로 분류하며, 성격장애는 크게 A군, B군, C군으로 나누어 설명합니다.

A군은 편집성, 조현성, 조현형으로, B군은 반사회성, 연극성, 경계성, 자기애성으로, C군은 강박성, 의존성, 회피성으로 분류됩니다. 전문용어라 어렵게 느껴질 수 있는데, 좀 더 쉽게 설명해 드릴게요.

A군은 '나에게 없는 일을 있다고 계속 주장하는' 유형입니다. 편집성과 조현성은 일종의 망상에 해당하는데요, 예를 들어 내가 욕한 적

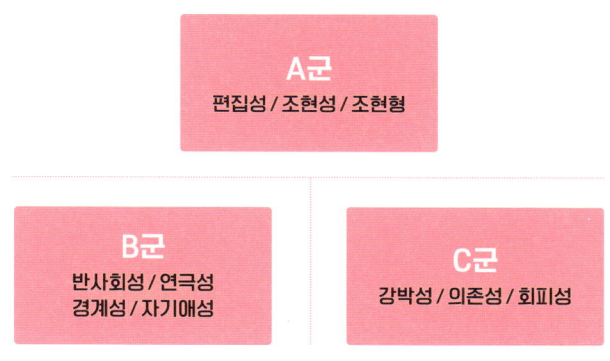

▲ 성격장애 유형

없는데 "너 나 욕했지?", 내 마음속에 미움이 없는데 "너 나 미워하지?"라고 끊임없이 의심하고 공격하는 경우가 이에 속합니다.

B군은 반사회성, 연극성, 경계성, 자기애성 유형인데, 이들은 '교묘함'이 특징입니다. 교묘하다는 느낌이 들면, 그 사람은 분명 성격장애가 있을 가능성이 높습니다.

C군은 강박성, 의존성, 회피성 유형인데, 이들은 '집착'하는 성향이 강합니다. 무언가에 지나치게 매달리는 경향이 있다는 거죠.

이제 조금 더 보편적인 감정으로 이야기해 볼게요. '없는 걸 있다고 억지 부리거나, 있는 걸 부정하며 교묘하게 행동하고, 지나치게 집착하는' 이런 유형은 우리에게 분명 위험 신호입니다. 이런 사람들은 조심해서 다가가야 하며 경계하는 것이 필요합니다. 하지만 종종 정상적인 배우자나 가족을 이상한 사람으로 오해할 때도 있습니다.

예를 들어 제가 강연에서 A군 성격장애에 대해 설명했을 때, 많은 분들이 "우리 남편이 그래요." "내 여자친구가 너무 억지를 부려요."라고 하시는데, 그건 성격장애가 아니라 단순한 다툼인 경우가 많습니다. 우리가 다투거나 화가 났을 때, 서로를 성격장애자처럼 느끼고, 그런 행동을 보일 수 있기 때문입니다. 그렇기 때문에 평소에 안정된 상태에서 상대방의 행동을 관찰하는 것이 중요합니다. 또한 배우자가 C군 유형이라고 주장하는 분들도 있는데, 사실 C군의 유형은 혼인 관계가 오래되면 집착이 줄어들기 때문에 잘 나타나지 않습니다.

주변에 있는 '못난 삼각형'

이처럼 관계를 완전히 끊고 용기 있는 결정을 내려야 하는 유형도 있지만, 조금 더 완화된 형태로 우리를 힘들게 하는 유형들도 있습니다. 저는 이들을 어둠의 삼각형에 따른 나쁜 사람이 아니라, '못난 사람들'이라고 부릅니다. 이 못난 사람들을 보며, 우리에게도 때로 그런 면이 있음을 발견하기도 하는데요, 그렇다면 이런 사람들은 어떤 모습으로 우리에게 다가올까요?

얼마 전에 꽤 유명한 직장에 높은 직책을 맡고 계신 분이 저한테 이런 질문을 하더라고요.

"싫은 사람은 정말 안 보고 살고 싶어요. 안 보고 사는 게 좋은 거 아닌가요?"

싫은 사람 정말 안 보고 살고 싶죠. 저도 직장 생활을 하다 보니 간쓸개 다 빼놓는 심정으로 적을 만들지 않고 사회생활 하는 게 더 좋을 수 있겠다는 생각도 가끔 듭니다. 그런데 그에 앞서, 먼저 이 생각을 할 필요가 있어요. 싫다는 감정은 최종결과일 뿐, 근본적으로는 '나와 맞지 않는 사람'일 가능성이 크다는 겁니다.

저도 저와 잘 맞지 않는 사람이 있었지만, 지금은 그 사람과도 잘 지낼 수 있는 사회적 성숙을 조금 갖추게 됐습니다. 더 나아가, 그 사람이 가진 능력 중의 일부가 나에게 없는 점도 인정할 수 있게 됐습니다.

하지만 아직 그런 단계가 아니라면, 싫은 사람을 나와 맞지 않는 사람으로 먼저 규정하는 것이 좋습니다. 여기서 '규정한다'라는 건 그 사람에게 낙인을 찍으라는 뜻이 아닙니다. 중립적인 시각을 갖는다는 건, 더 포용하거나 인자하게 대하라는 의미보다는 오히려 내가, 보다 현명하게 처신할 수 있게 해준다는 뜻입니다. 나와 안 맞는다는 사실을 인정하면, 가능한 한 자주 만나지 않고, 가까워지지 않는 것이 가장 현명한 방법입니다.

저도 잘 맞지 않는 사람과 관계를 유지하려 노력했지만, 그 사람은 늘 사무적인 태도로만 저를 대했고, 결국 저는 그 사람을 싫어하게 됐습니다. 이렇게 된 데에는 상대방 잘못도 있겠지만, 저의 실수도 분명 있었습니다. 그래서 지금은 그 사람이 저에게 친절하게 인사할 때, 저도 간단하게만 응답합니다. 그렇게 하니 오히려 그 사람에 대한 미움이 줄어들었습니다. 예전에는 내가 더 많이 주고 상대에게서 적게 받는다고 느껴서 섭섭했지만, 이제는 주고받음이 비슷해져서 마음이 편해진 겁니다. 그러니 그 사람을 미워하기보다, 아예 거리를 두고 안 보는 편이 낫습니다. 그전에 그 사람이 나에게 하는 태도와 비슷하게 대하는 것도 하나의 방법입니다. 그게 바로 '거리 두기'라는 방식입니다.

저의 경우, 열 명 중 일고여덟 명은 이렇게 적당한 거리를 유지하면서 서로의 영역을 침범하지 않고 무난한 관계를 이어갑니다. 특별히 깊지도, 그렇다고 불편하지도 않은 '그저 그런 관계'로 남게 되죠.
하지만 때때로 이런 사람도 있습니다. 한두 명쯤은, 내가 가볍게 고개를 까딱했을 뿐인데 마치 자신을 무시한 것처럼 받아들이는 사람이요. 왜 무례하게 굴었냐며, 왜 사람을 깔보냐는 식으로 반응합니다. 그런 사람은… 나쁜 사람입니다. 저는 그런 경우라면 즉시 거리를 두고 다시는 보지 않습니다. 물론 열 명 모두를 의절할 수는 없습니다. 현실적으로는 어쨌든 공존해야 하니까요. 그래서 이런 상황에서는 거리를 두어야 할 사람과 끊어내야 할 사람을 명확히 구분하는 게 중요합니다. 대략 8:2 정도의 비율로, 대부분은 적당히 거리를 두며 지낼 수 있지만, 분명 단호하게 선을 그어야 할 사람도 있다는 것. 이런 구분이야말로 나이 들수록 필요한 삶의 지혜가 아닐까 생각합니다.

거리를 두어야 할 사람
'빅 마우스'

거리를 두어야 할 또 다른 유형이 있습니다. 소위 '빅 마우스'라 불리는 사람들입니다. 남의 말을 옮기고 다니는 사람들, 특히 내 이야기를 다른 사람에게 전하는 사람들입니다. 이런 사람들은 대개 곤란한 상황을 만듭니다.

얼마 전 저도 어떤 사람에 대해 이렇게 평가한 적이 있었습니다.

"그 사람, 정말 열심히 하고 통찰력도 있어요. 근데 회의에 가끔 늦어서 성실성 면에서는 약간 의문이 들기도 해요."

저 나름대로는 객관적인 평가였고, 악의도 없었습니다. 하지만 그 말을 전해 들은 당사자는 제가 마치 그를 싫어하고 험담한 것처럼 오해했습니다. 결국, 저는 오해를 풀어야 했고, 애써 남긴 솔직한 의견이 되레 관계에 금이 가게 만들었죠.

이처럼 남의 말을 옮기고 다니는 사람, 특히 내 말을 자의적으로 왜곡해서 전하는 사람은 어떤 심리를 가졌을까요?

이들은 종종 '고립 공포'를 가지고 있습니다. 즉, 자신을 제외한 사람들이 연대하고, 친해지고, 나를 배제할까 봐 두려워합니다.

군대에 있을 때, 저는 이런 유형의 선임을 본 적이 있습니다. 후임들끼리 대화를 나누고 있으면 다가와 다짜고짜 화를 내며 "무슨 얘기 하고 있었어?"라고 묻곤 했습니다. 사실 그때 우리는 그냥 프로야구 이야기를 하고 있었거든요. 그런데 이 사람은 늘 불안했던 겁니다.

'혹시 내가 없는 자리에서 내 이야기를 하고 있는 건 아닐까?'

'혹시 나만 빼고 친해지고 있는 건 아닐까?'

이런 생각에 사로잡힌 사람은 고립당할까 봐 두려운 나머지, 차라리 먼저 남을 분열시켜 버리는 선택을 합니다. 정상적이라면, 함께 어울리고, 다가가고, 베풀면서 관계를 만들어 가겠죠. 하지만 이런 사람들은 그 반대 전략을 씁니다. 바로, '내가 배제당하지 않으려면, 다른 사람들을 먼저 분열시키자.'라는 전략입니다. 그래서 이들은 끊임없이 말합니다.

"걔가 너한테 이런 말 했대."
"그 사람, 너 그렇게 생각하더라."

빅 마우스 대처법

결국, 이들은 스쳐 지나가기만 해도 갈등이 생기고, 그 뒤엔 어김없이 분열이 따릅니다.

이런 사람들에게 우리가 취해야 할 태도는 분명합니다. 먼저, 그들 앞에서는 아무리 객관적이고 정당한 이야기라도, 꼬투리 잡힐 만한 말은 피해야 합니다. 그리고 더 중요한 건 말투입니다. 이들은 단호하고 분명한 말보다, 애매하고 모호한 말을 더 좋아합니다.

"그럴 수도 있고 아닐 수도 있고…."
"그런 것 같기도 하고 아닌 것 같기도 해…."

이런 말들은 편집하기 좋거든요. 자기 입맛대로 문장을 자르고, 의미를 바꾸고, 상황을 왜곡하는 데 제격입니다. 그래서 오히려 이들에게는 분명하고 단호한 어조로 이야기하는 것이 훨씬 효과적입니다.

"이건 이렇다."
"그건 아니다."

명확한 언어는 왜곡의 여지를 줄여줍니다. 이런 사람들은 자신이 마음대로 편집할 수 없는 말을 무서워합니다.

저도 분명히 이렇게 말했거든요.
"그 사람은 매우 성실하고 통찰력도 있어요. 다만 회의에 좀 늦는 경향이 있습니다."

그런데 이 말을 옮긴 사람은, 결국 그 당사자에게 '매사에 불성실한 사람'이라고 전했습니다. 자의적으로 편집한 거죠. 그때 제가 조금 더 분명하게 말했더라면 어땠을까요.

예를 들어, "그 사람은 열정도 있고 통찰력도 좋아. 단 하나 바라는 게 있다면 회의 시간만 조금 더 지켜줬으면 해."라고 말이죠. 그렇다면 제 말이 왜곡될 여지가 줄어들었을지도 모릅니다.

하지만 이 역시 근본적인 해결책은 아닙니다. 이런 사람들은 자기보다 강하다고 느끼는 사람의 말은 함부로 편집하지 않기 때문이죠. 그러니 나약한 모습을 보이면 안 되고, 가벼운 동조나 배려도 조심해야 합니다. 이런 사람들은 내 말을 끌어내기 위해 마중물처럼 말을 던져옵니다.

"야, 걔 좀 이상하지 않아?"
"그 친구 문제 있는 거 같지 않아?"

이때 중요한 건 절대 동의하지 않는 겁니다. 이들은 험담을 시작점 삼아 내 말까지 얹어 퍼뜨리는 경우가 많기 때문입니다. 그래서 "나는 너의 생각에 동의하지 않아."라는 메시지를 분명히 전달해야 합니다. 이게 왜 중요할까요?

평소에 '동의해 주지 않는 사람'이라는 인식을 줘야, 나중에 그 사람이 "너도 그렇게 말했잖아."라고 왜곡하지 못합니다. 가장 괴로운 건, 친한 사람이 옮긴 말 때문에 내가 곤욕을 치르는 상황입니다. 전혀 안 친한 사람이라면, 애초에 그 사람이 옮긴 말의 신뢰도가 떨어지거든요. 그래서 친한 사람과의 관계일수록 더 조심해야 합니다. 그리고 이런 사람들에게 가장 두려운 말은 바로 이런 말입니다.

"너 나랑 친하잖아. 대체 무슨 근거로 내가 그런 말을 했다고 전한 거야?"

우리는 종종 '그 사람과 가까운 사이'라는 걸 무기처럼 쓰는 사람들을 봅니다. 심지어 권력자 주변에도 이런 빅 마우스들이 존재하죠. 자신이 그 사람과 가깝다는 인상을 줘서 말을 왜곡하고, 영향을 끼치려는 사람들입니다. 결국, 관계를 이용해 신뢰를 조작하려는 사람들과는 더 단단한 경계가 필요합니다.

거리를 두어야 할 사람 '가식적인 사람'

거리를 두어야 할 유형이 또 있습니다. 바로 '가식적인 사람'입니다. 저는 솔직한 스타일이라서, 이런 사람들과 함께 있는 걸 정말 힘들어합니다. 저는 앉자마자 내가 원하는 것, 부족한 것, 할 수 있는 것과 없는 것을 편하게 이야기하는 편이거든요.

그런데 세상에는 나쁜 가식적인 사람만 있는 게 아니라, 착한데 가식적인 사람도 있습니다. 이들이 더 힘든 이유는, 좋은 사람처럼 보이지만 진짜 속마음을 드러내지 않기 때문입니다. 무엇을 원하는지, 어디를 가고 싶은지, 뭘 하고 싶은지를 이야기하지 않기 때문에, 결국 같이 있어도 피곤해집니다. 그런 사람과 함께하면 절대 이런 말이 안 나옵니다.

"오늘 즐거웠어."

"오늘 보람 있었어."

왜일까요? 저는 그 사람에게 맞췄지만, 그 사람은 자기가 원하는 걸 하지 않았기 때문입니다. 결국엔 불만이 생기고, 그 책임은 저에게 돌아옵니다. 이런 사람들은 피해자 코스프레를 잘합니다. 그래서 거리 두기가 필요합니다. 덜 만나야 합니다. 만나는 횟수 자체를 줄이는 게 중요합니다. 그리고 이들과 대화할 때는 두괄식, 즉 처음부터 내 입장을 드러내는 방식은 피해야 합니다. 제가 바로 그런 두괄식 화법을 쓰는 사람입니다. 앉자마자 "오늘은 이걸 하고 싶다." "이런 건 어렵다."라고 말하는 스타일이죠. 그래서 저는, "너랑 있으면 진 빠진다."라는 말은 잘 듣지 않지만, 어릴 땐 "왜 이렇게 자기주장만 하냐."라는 핀잔을 받았던 기억이 있습니다. 그런데 시간이 지나고 보니 이게 훨씬 건강한 방식이더라고요. 적어도 "나는 오늘 이걸 원한다."라고 분명히 말하니까요.

하지만 가식적인 사람들과 있을 땐, 그렇게 하면 안 됩니다. 내가 원하는 걸 먼저 밝히면, 상대는 자신의 속마음을 숨긴 채 내 의견만 받아들이고, 불만을 남길 가능성이 큽니다. 그래서 이런 사람 앞에선 내 속마음을 나중에 드러내는 미괄식이 더 좋습니다. 물론, 저처럼 미괄식이 익숙하지 않은 사람에겐 그 자체로 지치고 힘든 일입니다. 그래서 그런 사람들과는 자주 만나지 않는 게 최선입니다.

단, 이 사람의 능력이 나에게 필요한 경우라면, 그 관계를 완전히 끊을 수 없다면, 그때는 적절한 선을 유지하며 최소한으로 만나는 게 지혜입니다.

가식적인 사람 대처법

저는 이런 사람들 앞에선 아예 이렇게 선을 긋습니다. 회의가 시작되면, "오늘 회의 주인공은 저예요. 김 교수, 이 교수, 박 교수님은 조연입니다. 물론 다른 날엔 제가 조연하겠습니다." 이렇게 딱 선을 긋고 역할을 정해버립니다.

그리고 또 한 가지. 처음엔 별로였는데, 알고 보니 괜찮은 사람, 혹은 처음엔 좋아 보였는데, 알고 보니 별로인 사람. 우리가 사람을 오래 만나면 자주 경험하는 일이죠.

모든 경우를 일반화할 수는 없지만, 핵심은 외로움에 있습니다. 처음에 별로였던 사람은, 사실 처음엔 나에게 별 관심이 없었던 사람일 수 있습니다. 즉, 자기 중심이 분명한 사람일 수 있죠. 외롭지 않기 때문에 과장된 제스처 없이 차분히 자기 모습을 보여줍니다. 그래서 오히려 시간이 지날수록 좋은 본질이 보이죠. 이게 진국형 인간입니다.

반대로, 처음에 너무 친절했던 사람은 외로운 사람일 수 있습니다. 새로운 환경에 적응 중이라 혼자이고, 그래서 나에게 더 친근하게 다가오는 거죠. 그러다 어느 순간 보여줄 카드가 없어지고, 나에게 실망하거나 집착하게 되기도 합니다. 초기에 너무 붙었던 관계가 점점 멀어지는 이유가 여기에 있습니다.

외로움은 죄가 아니지만, 관계를 시작할 때 반드시 고려해야 할 요소입니다. 그 사람이 외로운 이유가 무엇이든, 나에게 어떻게 다가오는지를 잘 살펴야 합니다.

좋은 사람이란,
"내가 도와줄 수 있는 건 이거야."라고
말하는 사람

그럼 좋은 사람은 어떤 사람일까요?

감정을 먼저 공유하기보다, '기능'을 먼저 나누는 사람입니다.

"형처럼 대해줄게." "언니처럼 대해줄게."라는 말보다, "내가 도와줄 수 있는 건 이거야." "이건 내가 못 해."라고 말하는 사람. 이런 사람은 나에게 기대할 수 있는 바를 분명히 알려줍니다. 자신이 줄 수 있는 것과 줄 수 없는 것을 자연스럽고도 명확하게 구분해 주는 사람이죠. 이게 바로 역량이 있는 사람입니다.

사회생활을 하다 보면 좋은 사람을 만나는 것보다도 나쁜 사람으로부터 나를 잘 지키는 것이 더 중요할 때가 많습니다. 나를 지치게 하고, 힘들게 하는 사람이 어떤 유형인지 파악하고, 필요하다면 전문가의 도움도 받아야 합니다.

두려움과 불안, 놀람과 같은 감정은
자연스러운 반응이며,
이것이 약하다는 뜻이 아닙니다.

**하지만 관계를 단절하는 용기는
별개의 결정인 것이죠.**

김경일의
다시 만난
심리학

타인과 잘 지내기

8강

연인, 가족이 주는 행복과 불행에 대하여

- 다르지만 가장 가까운 관계
- 함께 있고 싶은 마음 '애착 유형'
- 관계 맺기가 필요한 이유
- 연인의 폭력성을 미리 확인할 수 있는 방법
- 바람기가 강한 사람의 특징
- 나쁜 사람인 걸 알면서도 헤어지지 못하는 이유
- 나쁜 사람이 타깃으로 삼는 사람의 특징
- 가족은 '타인'이라는 것을 인정해야 하는 관계
- 부모는 자녀의 성격을 바꿔줄 수 있을까?

8강에 들어가기에 앞서

　이번 강의에서는 내가 사랑하는 사람들, 즉 연인이나 가족과 어떻게 잘 지낼 수 있을지에 대해 이야기해 보려 합니다.
　이들은 우리에게 큰 기쁨과 행복을 주는 존재이지만, 때로는 사회에서 만난 누구보다 더 큰 상처와 고통을 주기도 하죠. 특히 가까운 사이일수록 거리를 두는 일이 어렵고, 객관적으로 바라보기도 쉽지 않습니다.
　그래서 이번 강의에서는 '이건 선을 넘어선 행동이다.' '이건 선을 그어야 한다.'와 같은 관계의 경계선을 어디에 둘 것인지, 그 기준에 대해 이야기해 보려 합니다.
　가까운 관계일수록 감정이 얽히고, 애정이라는 이름 아래 무리한 요구나 지나친 간섭이 정당화되기 쉬운데요. 사랑한다고 해서 모든 것이 허용되는 것은 아니며, 진정한 친밀감은 서로를 더 잘 이해하고 존중할 수 있을 때 비로소 깊어질 수 있습니다.
　가깝지만 때로는 어려운 이 관계들 속에서, 서로를 지키면서도 나 자신을 잃지 않을 수 있는 지혜를 함께 찾아보는 시간이 되었으면 합니다.

다르지만
가장 가까운 관계

먼저 연인이나 부부와 같은 커플 관계부터 살펴보겠습니다. 우리가 '가족'이라고 부르는 관계는 대부분 혈연으로 연결돼 있습니다. 혈연이란, 유전적 형질을 공유하는 것이죠. 그런데 유일하게 유전적 형질을 공유하지 않으면서도 가족보다 더 깊은 유대감을 형성하는 관계가 있으니, 바로 부부입니다.

부부가 되기까지의 지속적인 만남과 서로를 알아가는 과정을 우리는 연애, 즉 연인 관계라고 부르죠. 물론 모든 연인이 결혼을 지향하는 것은 아니지만, 인간이 누군가를 사랑하게 되었을 때, 그 사랑이 지속되면 자연스럽게 부부라는 관계를 떠올리게 됩니다. 나와 전혀 다른 사람을 만나 가장 가까운 관계로 이어진다는 뜻이죠. 그래서 연인과 부부의 관계는 인간관계 중에서도 가장 특별하고도 어려운 관계일 수밖에 없습니다.

저 역시 28년 전 생면부지의 사람과 만나 결혼을 했고, 아이를 낳고 살아가며 가끔 이런 생각을 할 때가 있습니다.

'우리 둘은 어떻게 만났을까. 이렇게 다른 사람이 만나 어떻게 계속 같이 살아갈 수 있을까?'

사실 지금 이 순간, 단 한 번의 결심만으로도 우리는 남이 될 수 있는 관계이기도 하니까요. 혈연이 아님에도 가족의 범주에서 가장 오랫동안 유지되는 관계, 그게 부부입니다. 그리고 그런 부부가 되기 위해 시작되는 것이 바로 연인 관계입니다. 그러니 이 관계는 참으로 쉽지 않습니다.

'나는 내 연인, 혹은 배우자와 아무 문제가 없다.'라고 생각한다면, 어쩌면 그게 오히려 문제일지도 모릅니다. 저처럼 심리학을 전공한 사람들은, 그런 말을 들으면 본능적으로 '무언가 숨겨진 문제가 있지 않을까?'라고 생각하기도 하니까요.

그래서 우리는 잘 지내는 법을 고민해야 합니다. 특히 중요한 결정을 내리기 전, 또는 이미 부부가 되었더라도, 연인의 마음과 나 자신, 그리고 서로와의 관계를 제대로 이해하기 위해서는 꼭 짚고 넘어가야 할 개념이 하나 있습니다. 바로 '애착 유형'입니다.

함께 있고 싶은 마음 '애착 유형'

'애착'이란 무엇일까요? 저는 이 애착을 '공존의 소망'이라고 표현합니다. 누군가와 관계를 맺고자 하는 마음, 함께 있고 싶은 마음을 뜻하죠. 그리고 이 애착은 사람마다 다른 유형으로 나타납니다. 대부분의 심리학자들은 애착 유형을 크게 네 가지로 구분합니다.

첫째, '안정형'입니다. 이름만 들어도 좋은 느낌이 들죠? 이 유형의 핵심은 '자기 긍정'과 '타인 긍정'의 방향성입니다. 안정형은 자기를 긍정적으로 바라보고, 타인 또한 긍정적으로 받아들이는 사람들입니다. 즉, 자신을 믿고 타인을 신뢰할 수 있는 유형이죠. 이들은 대체로 건강한 관계를 형성할 수 있는 바탕을 갖추고 있습니다.

예를 들어, 유아 시절에 아이가 방 안에 혼자 있을 때 부모가 잠시 나갑니다. 처음엔 두렵고 무섭지만, 다른 어른이 들어와 따뜻하게 대해주면 아이는 점차 마음을 엽니다. 부모가 다시 돌아왔을 때 반가움을 표현하면서도, 그 타인과도 잘 지내는 모습을 보인다면, 이 아이는 타인과의 관계 형성에 있어서 유연한 태도를 보이는 겁니다. 즉, 자기도 믿고 타인도 믿는 안정형 애착을 갖춘 아이인 거죠.

이런 사람들과의 관계는 상대적으로 어렵지 않습니다. 기본적인 신뢰가 형성되어 있기 때문에, 내가 큰 노력을 하지 않아도 긍정적인 관계를 유지할 수 있죠.

반면, 두 번째 유형인 '회피형'은 조금 다릅니다. 회피형은 자기 긍정은 있지만, 타인에 대해서는 부정적인 시각을 갖고 있습니다. 쉽게 말해, '믿을 사람은 나뿐이야.'라는 생각을 지닌 사람들이죠.

이 유형은 주로 어린 시절 방임이나 방치, 무관심과 같은 환경에서 형성됩니다. 부모의 관심 부족으로 인해, 아이는 점차 타인에 대한 신뢰를 접고 스스로에게만 의존하게 됩니다. 그래서 회피형 애착을 가진 사람들은 타인과 깊은 관계를 맺는 것을 꺼리고, 심지어 연애 자체를 회피하는 경우도 많습니다. 왜냐하면, 타인을 믿지 못하기 때문입니다.

그래서 남성이라면 '여자는 믿을 게 못 돼.', 여성이라면 '남자는 믿을 수 없어.'라는 식의 생각에 빠지기 쉽습니다. 이 생각이 도를 넘으면 고착화되기도 하죠. 이런 경우 연애 자체가 어려워지고, 연애를 하더라도 대부분 일종의 '썸' 상태에 머무는 관계를 유지하기 쉽습니다. 특히 사회적인 매력이나 이성의 호감을 얻기 쉬운 사람일 경우에는 이른바 '어장 관리'처럼 관계를 유지하는 경우도 종종 있습니다.

이러한 회피형 애착 유형의 사람들은 이별을 할 때도 상대와 대화를 시도하지 않고, 조용히 사라지는 '잠수 이별'을 선택하는 경우가 많습니다. 이런 사람들과의 연애를 경험한 이들은 SNS나 커뮤니티 등에서 "회피형은 회피형끼리 연애했으면 좋겠다."라고 이야기할 정도로 힘들어하죠. 하지만 회피형이 회피형과 연애하는 경우는 드뭅니다. 대부분 회피형은 세 번째 유형인 불안형과 관계를 맺습니다.

'불안형'은 회피형과 정반대의 특징을 지닙니다. 자기 부정, 타인

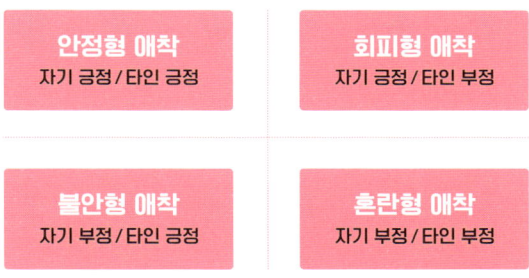

▲ 네 가지 애착 유형

긍정. 즉, 자신을 믿지 못하고 상대방을 과도하게 신뢰합니다. 이들은 사랑에 올인하고, 사랑이 클수록 더 고통스러운 관계를 경험합니다. 매일이 영화 같고, 고통스럽고, 감정의 롤러코스터를 타는 사랑이 바로 이들의 방식입니다.

불안형은 어릴 때 반복적으로 '우는 아이 떡 하나 더 준다.'라는 방식의 양육을 받았을 가능성이 큽니다. 계속해서 다가가고, 선을 넘고, 끊임없이 갈구해야 원하는 것을 얻을 수 있었던 경험이 누적된 거죠. 이로 인해 안정적인 관계를 오히려 견디지 못하고 불안해하는 모습을 보이기도 합니다.

그래서 이들과 연애하는 사람들은 아무 문제 없는 날을 오히려 힘들어하고, 더할 나위 없이 좋은 날에 짜증을 내는 모습을 자주 경험하게 됩니다. 불안형의 사랑은 늘 타오르기를 원하고, 극적인 감정을 기대하기에 상대방은 지치기 마련이죠.

연인 관계에서 가장 흔히 나타나는 조합이 회피형과 불안형의 만남입니다. 한 사람은 끊임없이 도망가고, 다른 한 사람은 계속 쫓아가는 구조. 좀 더 가볍게 이야기하자면, 톰과 제리와도 비슷하다고 볼 수 있습니다.

이런 관계는 결국 회피형이 강하게 거절하고, 불안형은 그 거절조차 거절하는 고통스러운 악순환에 빠지게 됩니다. 옆에서 보는 사람들도 안타까울 정도로 힘겨운 관계가 되기 쉽습니다.

"저는 회피형이고, 아내는 불안형이에요."라고 말하는 사람도 있고, 반대로 "제 아내가 회피형이고, 제가 불안형이에요."라고 말하는 분도 계십니다. 하지만 처음 만났을 때 회피하는 모습을 보고 단정짓기보다는, 그저 처음엔 호감이 없었을 가능성도 있다는 점을 고려해야 합니다. 중요한 건 '시간이 지나며 어떤 관계를 만들어 가느냐'입니다.

이제 마지막 네 번째 애착 유형인 '혼란형'을 살펴보겠습니다. 혼란형은 자기 부정, 타인 부정을 동시에 가진 유형입니다. 이들은 자신도 믿지 않고 타인도 신뢰하지 않습니다. 주로 어릴 적 심각한 학대 경험이 있는 경우에 해당합니다.

이런 학대 경험을 가진 아이는, 자라며 자기 자신을 부정하게 됩니다. '내가 학대받을 만한 사람이었기 때문'이라는 왜곡된 자아 이미지가 형성되기 때문이죠. 동시에 타인에게도 불신을 품고, 관계 속에서 두려움과 공포를 경험하게 됩니다. 이들은 타인과 깊은 관계를 맺는 것이 불가능에 가깝고, 연애나 결혼 등 가까운 사이일수록 공포가 커지는 경향이 있습니다.

물론, 모든 학대 경험자들이 건강한 관계를 맺을 수 없다는 이야기는 아닙니다. 실제로 안정형 파트너를 만나 건강한 관계를 형성하며 후천적으로 애착 유형을 변화시키는 경우도 많습니다. 서로의 노력과 배려를 통해 충분히 치유될 수 있죠. 하지만 내가 강한 회피형이나 불안형이라면, 혼란형과의 관계는 더 큰 어려움을 초래할 수 있습니다.

따라서 나 자신이 먼저 안정형이 되도록 노력하고, 상대방도 안정형일 가능성이 높은 사람을 만나는 것이 관계의 건강을 위해 중요하다고 할 수 있습니다. 부디 나쁜 남자, 나쁜 여자에게 끌리는 어리석은 선택을 반복하지 마시기 바랍니다.

관계 맺기가 필요한 이유

이만큼 서로 전혀 알지 못했던 사람들이 만나서 연인과 부부가 된다는 건 참으로 오묘하고도 복잡한 일입니다. 하지만 분명한 건, 우리는 그걸 해야 한다는 거예요. 왜일까요?

나쁜 결과가 있을 수 있고, 상처를 받을 수도 있습니다. 그럼에도 불구하고 우리가 관계를 시도해야 하는 이유는, 관계를 끊고 혼자 살아갈 때 겪는 외로움이야말로 인간에게 가장 치명적인 감정이기 때문입니다.

외로움은 모든 병을 더 빠르게 악화시키고, 모든 나쁜 감정과 생각을 더 빠르게 부패하게 만듭니다. 마치 방치된 음식이 썩어가듯, 외로움은 사람을 안에서부터 상하게 만들죠. 그래서 관계에 좌절하셨더라도, 혹은 누군가에게 깊은 상처를 받으셨더라도, 다시 관계를 시도하는 용기만큼은 절대 놓지 않으셨으면 합니다. 어떤 특정한 관계가 아니더라도, 어떤 형태든 새로운 관계를 만들어 가는 걸 포기하지 마셔야 해요.

감히 말씀드리지만, 이 지구에서 가장 불쌍한 사람은요, 모든 관계를 끊고 누구와도 어떤 관계도 맺지 않으려는 사람입니다. 연인이나 부부처럼 특별히 깊은 관계가 아니더라도, 어떤 누구와도 관계를 맺지 않으려는 태도, 그것이야말로 인간을 가장 고립되고 불행하게 만드는 원인입니다.

연인의 폭력성을
미리 확인할 수 있는 방법

연인과 부부 사이에서 벌어지는 애착 유형 외에도, 다양한 문제나 궁금증들이 생길 수 있습니다.

예를 들면 요즘 자주 듣는 이야기죠. 데이트 폭력, 보복, 스토킹 같은 것들요. 사실 이런 표현은 이제는 쓰지 말아야 할 시대가 되었습니다. 데이트 폭력은 사실상 '데이트'라는 말이 붙을 이유가 없습니다. 그냥 '폭력'이죠.

그런데 문제는 이런 폭력적인 행동이 '언제 나타나느냐'입니다. 대개는 이별을 통보받았을 때, 즉 "헤어지자"라는 말을 들었을 때 갑작스럽게 폭력적으로 변하거나 보복 심리가 극단적으로 드러나는 경우가 많습니다.

과거에는 이런 문제가 주로 남성에게서만 나타났지만, 최근 들어서는 여성의 비율도 적지 않게 나타난다고 하죠. 그만큼 이별은 많은 사람들에게 아주 강한 감정적 충격을 줍니다. 누군가는 그 충격을 어떻게든 품고 넘기는 반면, 어떤 사람은 그 충격에 매몰되어 상대방을 해치거나 위협하는 방식으로 반응하게 됩니다.

그렇다면 연애를 하는 동안, 혹은 연애를 시작하기 전에 그 사람의 폭력성을 알아볼 수 있는 방법은 없을까요?

물론 쉽진 않습니다. 대부분의 사람은 연애 초반에 자신이 가진 좋은 면만 보여주려 하니까요. 하지만 그래도 단서를 찾는 방법은 있습니다. 언제냐면, 바로 그 사람이 '최선을 다할 수 없는 상황'에 처했을 때입니다. 구체적으로는 막 잠에서 깼을 때, 지쳐있을 때, 졸릴 때, 배가 고플 때. 그러니까 몸 상태가 최상이 아닐 때죠. 이럴 때 평소와 다르게 예민하거나 공격적으로 변하는 모습을 보인다면, 한 번쯤은 의심해 볼 필요가 있습니다.

또 하나는, 자신의 욕구가 거절당했을 때입니다. 예컨대 음식점에서 서비스를 요청했는데, "죄송하지만 어렵습니다."라는 말을 들었을 때, 또는 뭔가 추가적으로 요구했지만 상대가 거절했을 때, 그런 아주 사소한 상황에서 그 사람이 어떤 반응을 보이는지 보면 됩니다.

실제로 제가 아는 사람 중에, 연인에게는 정말 다정했지만 이별을 통보받고 나서는 완전히 다른 사람처럼 변해서 법적 처벌을 받은 이가 있었습니다. 그런데 그 사람은요, 음식점에서 종업원이 "규정상 불가능합니다."라고 말했을 때 "어딜 감히!"라는 말을 했더라고요. 사소한 장면일 수 있지만, 이런 게 바로 단서입니다.

우리가 관계를 맺기 전에, 혹은 이미 맺고 있는 관계에서 상대가 보이는 작은 신호들을 잘 살펴볼 필요가 있습니다. 관계란 늘 좋을 수만은 없고, 위기나 갈등이 닥칠 때 비로소 민낯이 드러나는 법이니까요.

바람기가 강한 사람의 특징

연인과 부부 관계에서 자주 받는 또 하나의 질문이 있습니다. 바로 바람을 피우는 사람들의 심리적 기제에 대한 궁금증이죠. '바람기가 강한 사람들에게서 공통적으로 나타나는 성향 같은 게 있을까?'라는 겁니다.

정말 많은 심리학자들이 다양한 수준에서 이 주제를 연구해 왔는데요, 다소 사소해 보일 수 있지만 흥미로운, 그러나 절대 일반화해서는 안 될 연구를 하나 소개해 드릴게요. 바로, '숯검댕이 눈썹을 가진 사람은 바람기가 있다.'라는 주장을 다룬 연구입니다.

생리적으로 테스토스테론과 같은 호르몬의 분비량이 눈썹의 두께나 색깔과 관련이 있고, 이 테스토스테론이 성적 충동이나 관계 유지와도 관련이 있다는 내용을 담고 있는데요. 놀랍게도 이 연구는 노벨상을 풍자한 것으로 유명한 '이그 노벨상 Ig Nobel Prize'을 수상하기도 했습니다. 연구의 수준은 우수했지만, 그렇다고 해서 '눈썹이 진하면 무조건 바람 피운다.'라고 단정 지어서는 안 됩니다. 이보다 훨씬 더 깊이 있는 심리적 탐색과 폭넓은 고찰이 필요하겠죠.

많은 연구들과 관찰을 종합해 보면, 바람을 피우는 사람들에게는 공통적으로 한 가지 심리적 특징이 보입니다. 바로 '좋아하는 것'과 '원하는 것' 사이에서, '원하는 것'만을 추구하는 성향을 지녔다는 겁니다.

그런데 여기서 '좋아한다'라는 건 뭘까요? 그 존재와 오래, 함께하고 싶은 마음입니다. 반면 '원한다'라는 건, 그 대상이 없으면 못 견디겠다는 마음이죠. 이상적인 관계라면 라이크 like와 원트 want가 모두 같은 사람에게 향해있어야 합니다. "나는 당신과 오래 함께하고 싶고, 당신 없이는 안 되겠어." 이런 사랑이 가장 건강한 관계일 겁니다.

하지만 어떤 사람들은 라이크는 거의 없고, 오로지 원트, 즉 '지금 내 앞에 없으면 못 견디는 마음'만 가득한 경우가 있습니다.

이런 심리는 어린아이의 행동에서도 종종 볼 수 있습니다. 아이가 풍선을 사달라고 떼를 씁니다. 그건 원트입니다. 하지만 막상 사주면 얼마 지나지 않아 팔이 아프다고 풍선을 손에서 놓아버립니다. 그 풍선은 좋아하지 않았던 거죠.

바람기의 심리도 이와 비슷합니다. 정말 좋아해서 갖고 싶은 게 아니라, 내 손 안에 없다는 그 사실이 싫은 겁니다. 그래서 손에 들어오면 금세 흥미를 잃고 놓아버리는 거죠.

왜 이런 사람들이 생길까요? 일반적으로 '좋아하는 마음'은 접근 동기에서 나오고, '원하는 마음'은 회피 동기에서 비롯됩니다. 즉, 뭔가를 원한다는 건 대개 불안이나 결핍을 피하고 싶다는 마음에서 출발하는 거죠.

실제로 바람을 피우는 사람들은 접근 동기보다 회피 동기가 훨씬 강한 경향을 보입니다. 겉으로는 적극적으로 다가가는 것 같지만, 실제로는 불안을 회피하기 위한 행동일 가능성이 높다는 겁니다. 그래서 "저건 좋아." "저건 멋있어." "저건 참 훌륭하다고 생각해."와 같은 말은 잘 안 하고, "이런 일은 절대 일어나선 안 돼." "저건 정말 싫어."와 같은 말만 반복하는 사람일수록 오히려 바람을 피울 가능성이 높다는 흥미로운 결과도 있습니다.

나쁜 사람인 걸 알면서도
헤어지지 못하는 이유

그렇다면 나쁜 사람이라는 걸 잘 알면서도 왜 우리는 헤어지지 못할까요? 이혼을 포함한 그 악의 고리를 끊지 못하는 이유.

진화심리학자 데이비드 버스David Buss 교수는 이와 관련한 매우 흥미로운 연구를 발표했습니다. 그는 부부 관계 속에서 반복적으로 아내의 외모를 비하하는 남편들을 관찰했는데요, 이런 남편들은 대체로 외부의 객관적 시선으로 봤을 때 아내에게 특별한 외모적 문제가 없음에도 불구하고, "너는 왜 이렇게 키가 작아." "왜 이렇게 피부가 안 좋아." "왜 이렇게 뚱뚱해."라며 계속해서 비난을 쏟아부었습니다.

이유가 뭘까요? 물론 원래부터 그런 성격일 수도 있겠지만, 데이비드 버스 교수는 공통된 심리를 발견합니다. 바로 '버림받을까 봐' 두려워하는 마음입니다.

아내에게서 버림받는 것이 두려운 나머지, 오히려 무의식적으로 그 불안을 왜곡시켜 끊임없이 아내를 깎아내리는 거죠. 정말 마음에 안 든다면 본인이 먼저 이혼하면 될 텐데요. 그건 하지 않으면서, 끊임없이 배우자의 자존감을 깎아내리는 행동을 하는 겁니다. 참으로 못난 무의식이죠.

헤어지지 못하는 이유도 여기에 있습니다. '내가 버리면 안 돼.' '내가 버려지면 안 돼.'라는 생각 때문이죠. 결국, 대안이 없다고 여기는 마음에서 비롯됩니다. 자기 아내의 외모를 끊임없이 비하하는 남편도 결국은, '너한테는 나밖에 없어.'라는 말을 하고 싶은 것일 뿐입니다.

하지만 세상에는 대안이 많습니다. 저 역시 제 아내를 대할 때, '나 말고도 대안은 많다.'라는 생각을 늘 가지고 조심스럽게 대합니다. 아내도 마찬가지죠. 그런 생각이 오히려 더 존중하고 배려하는 건강한 관계를 만들어 줍니다.

물론 이 생각을 핑계 삼아 배우자에게 무성의하거나 무책임한 태도를 보여서는 절대 안 됩니다. 하지만 정말 나쁜 사람이라면, 반드시 되뇌어야 합니다. 하루에 열 번 이상, 이렇게 말이죠.

"세상은 넓고, 이성은 많다."

나쁜 사람들이 타깃으로 삼는 사람의 특징

그렇다면, 나쁜 사람은 주로 어떤 사람을 타깃으로 삼을까요? 안타깝게도 많은 연구들이 이런 결과를 보여주고 있습니다. 공감 능력이 높고, 타인을 도우려는 성향이 강한 사람들이 오히려 이용당하기 쉽다고 말이죠. 나쁜 사람들은 그런 면을 꿰뚫고 들어옵니다. 그렇다고 해서 우리가 공감 능력을 억제하거나 타인을 돕는 일을 멈춰야 할까요?

그건 가장 어리석은 결론입니다. 왜냐하면 공감 능력과 도움을 주려는 성향은, 오히려 나를 이 세상에서 살아남게 만드는 가장 강력한 생존 도구이기 때문입니다. 그래서 우리는 공부해야 합니다. 나쁜 사람들보다 더 똑똑해져야 합니다. 그들의 속성에 대해서 그들보다 더 많이 알아내야 하는 거죠.

나쁜 사람들이 주로 타깃으로 삼는 사람들의 특징은, 공감 능력이 높고, 타인을 도우려는 성향이 강하며, 심지어 성실하고 지적인 능력도 뛰어나다는 겁니다. 그리고 가장 중요한 특징, 바로 자기 자신을 별로 좋아하지 않는다는 겁니다.

그렇다면 나 자신을 좋아하려면 어떻게 해야 할까요? 작은 일이라도 끊임없이 도전하고 성취하는 삶을 살아야 합니다.

얼마 전 저는 생전 처음으로 비빔국수를 만들어 봤는데, 그 경험 덕에 한동안 전 세계 셰프들을 똑바로 쳐다볼 수 있는 자신감이 생겼어요. 과거보다 한 단계 성장했기 때문이죠. 이렇게 늘 작은 도전과 성취를 쌓아가는 사람들은 자연스레 자존감이 높아 보일 수밖에 없습니다.

나쁜 사람들은 이 자존감이라는 마지막 단서를 보고, '저 사람은 타깃으로 삼기 어렵겠구나.' 하면서 그의 타깃 리스트에서 나를 배제

합니다. 그러니 착하고 좋은 사람이 되어야 하고, 더 성실하고 능력 있는 사람이 되어야 합니다.

무엇보다 가장 중요한 건, 나 자신을 존중할 수 있는 사람이 되는 겁니다. 이 존중감은 내가 가진 재산이나 주변 사람들의 부러움을 사는 자산이 아니라, 내가 끊임없이 성장하고 있다는 사실에서 옵니다. 늘 새로 배우고 도전하며 성취하는 삶, 이것이 나를 지킬 수 있는 가장 강력한 무기라는 점, 잊지 마시기 바랍니다.

가족은 '타인'이라는 것을 인정해야 하는 관계

그렇다면 이제 부모와 자식 관계도 이야기해 볼 필요가 있겠죠. 부모와 자식 사이에도 많은 상처와 아픔이 오가곤 합니다.

특히 한국에서는 부모 자식 간의 행복과 고통이 자주 교차하는데, 이는 한국의 부모 자식 관계에서의 애착이 그 어느 문화보다도 깊게 형성돼 있기 때문입니다.

애착이란, 나와 같다고 느끼고 그 사람이 아프면 나도 아프며, 같은 세상에 공존하고 싶어 하는 마음입니다.

과거 독일 신부 노르베르트 베버 Norbert Weber 가 한국에 와서 〈고요한 아침의 나라에서〉(1927)라는 다큐멘터리영화를 제작했는데, 그 영화에서, 조선을 '아이 발이 땅에 닿지 않는 나라'라고 표현했습니다. 늘 아이를 안아주고 볼을 맞대는 나라라는 뜻이었죠. 이후 20세기 후반 연구들은 이런 접촉과 애착이 아이 발달에 큰 영향을 끼친다고 밝혔습니다.

아무도 안아주지 않고 만져주지 않는 아이가 사이코패스가 될 수 있다는 연구도 있는데요, 사이코패스는 무애착증입니다. 따라서 한국의 부모 자식 관계에서는 많이 안아주고 만져주는 잦은 스킨십 덕분에 깊은 애착이 형성되는 게 당연한 일입니다.

하지만 사춘기가 되면 아이들은 독립심을 키우기 위해 부모와의 애착을 잠시 끊어야 하는 시기가 옵니다. 의절이 아니라 '잠시 끊는' 거죠. 그러나 애착이 가장 깊게 형성된 관계인 만큼, 그 시기의 갈등도 가장 심하게 나타납니다. 그래서 한국의 사춘기에는 부모와 자식 간의 갈등과 어려움이 다른 나라에 비해 훨씬 자주, 그리고 강하게 일어나는 편입니다.

외국의 한 언어학자는 이때 한국 가족 사이에서만 나타나는 독특한 감정이 생긴다고 말했는데, 그 단어가 바로 '지긋지긋하다'입니다. 이 단어가 한국 가족 관계를 상징하는 말로 연구자들 사이에서 이견이 없다고 하죠.

또 많은 사람들이 왜 가족에게만 참지 못하고 화를 내는지 궁금해하는데, 그건 결국, '나 자신에게 화를 내는 것'과 같기 때문입니다.

가족은 나와 동일시하는 존재이기에, 운전을 잘하고 싶어도 못하면 화가 나고, 공부를 잘하고 싶어도 못하면 짜증이 나는 것처럼, 가족에게 화를 내는 일도 결국 '나'에게 화내는 것과 같은 심리적 구조를 가집니다.

부모가 자녀에게 운전을 가르치다가도 짜증 내고, 자녀가 공부를 하면서 부모에게 짜증을 내는 일이 생기는 거죠. 이처럼 가족에게 참지 못하는 것은 '비합리적 신념', 즉 '우리는 가족이기에 모두 동일하다.'라는 믿음에서 비롯됩니다. 그래서 조금만 달라도 우리는 참지 못하는 거예요. 그리고 그게 쌓이면 결국 화가 납니다.

그렇다면 어떻게 해야 할까요? '다름을 인정해야' 합니다. 하지만 다름을 인정하는 일은 말처럼 쉽지 않습니다. 실제로 늘 하던 행동을 다르게 시도해 보고, 그 차이를 즐길 줄 알아야 하죠.

제가 예를 하나 들어볼게요. 저는 20년 전쯤 우리나라 아빠들의 꿈의 자동차였던 패밀리 카를 한 대 샀습니다. 일곱 명이 탈 수 있는 차였죠. 매년 여름, 저는 서울에서 부산까지 이 차를 타고 아내와 함께 여행을 떠났습니다. 그런데 16년 동안 매번 싸웠어요. 저는 옥천 휴게소에서 꼭 우동을 먹고 싶었는데, 아내는 금강휴게소에서 사진을 찍고 싶어했거든요. 저는 "거기서 사진을 왜 찍냐."라고 했고, 아내는 "거기서 우동을 왜 먹냐."라고 했어요. 그래서 대전에 가기 전에 이미 싸움이 터졌고, 매번 이런 식으로 다투느라 부산을 즐겁게 다녀온 적이 한 번도 없었습니다.

그런데 몇 년 전, 여행 방식을 바꿔보기로 했어요. 저는 비행기를 타고 부산에 갔고, 아내는 KTX, 아이들은 고속버스를 타고 갔죠. 이렇게 각자 따로 출발해 부산역에서 만나니 전혀 문제가 없었고, 오히려 즐거웠습니다. 각자가 이용한 교통수단의 장단점에 대해 이야기하며 반나절을 재미있게 보냈습니다. 그 후로도 우리는 싸울 때마다 평소 함께하던 일을 따로 해보는 시간을 가졌습니다.

가족은 '타인'이라는 것을 인정해야 합니다. 가족이라고 해서 늘 같은 생각을 하고 같은 결론에 도달한다는 생각은 비합리적 신념이죠. 가족은 '타인'이라는 점을 기억하면, 한국 가족 특유의 강한 애착을 바탕으로 건강한 관계를 이룰 수 있다고 생각합니다.

부모는 자녀의 성격을 바꿔줄 수 있을까?

부모와 자식 관계에 대해서도 여러 흥미로운 질문들이 있습니다. 그중 하나는 '부모의 성격이나 양육 방식이 자녀에게 얼마나 영향을 미치는가.' 하는 문제인데요, 이 주제는 꽤 오랜 논쟁거리이기도 합니다. 어떤 전문가는 '부모가 바뀌어야 한다.'라고 주장하지만, 현실에서는 그게 마음대로 되지 않아 어려움을 겪는 부모들이 많습니다.

우선 기억해야 할 것은, 부모의 성격 중 상당 부분은 자녀에게 유전된다는 점입니다. 하지만 부모의 의지가 자녀에게 그대로 반영되는 건 아닙니다. 예를 들어, 태아 때 아이가 어느 쪽으로 누워있느냐가 아이의 외향성이나 내향성, 예민함이나 개방성에 직접적인 영향을 주는 것은 아니죠.

즉, 부모의 어떤 특성이 아이에게 전달되는 것과 부모의 의지가 아이의 성격에 반영되는 것은 별개의 문제입니다. 그래서 구분할 필요가 있습니다. 부모의 특성 중 일부는 분명 자녀에게 전달되지만, 그 특성이 긍정적이든 부정적이든 어느 쪽으로 더 많이 작용할지는 부모가 일정 부분 영향력을 행사할 수 있다는 뜻입니다. 즉, 부모가 자녀의 성격을 완전히 바꿀 수는 없지만, 타고난 성격의 장점을 더 잘 발휘하도록 도와줄 수 있다는 거죠.

예를 들어, 우리 아이가 내향적이라면 '내향적인 성격을 고쳐야 한다.'라고 생각하기보다, 내향성의 장점을 살릴 방법을 고민하는 것이 훨씬 더 좋은 자세입니다.

재미있게도, 많은 심리학자들은 부모가 자신의 영향력이 클 때는 오히려 그 역할을 과소평가하고, 영향력이 작다고 느낄 때는 과대평가하는 경향이 있다고 지적합니다.

또한 아이가 자아를 완성하기 전, 즉 초등학교 입학 전까지는 부모가 할 수 있는 역할이 매우 많습니다. 하지만 초등학교 입학 후에는 부모가 할 수 있는 일이 상대적으로 줄어들고, 아이 스스로 고민할

부분을 맡기는 것이 더 적절한 접근법입니다. 성인이 된 후에는 서로 상의하는 것이 가장 좋은 관계죠.

이 세 가지 시기를 혼동하거나, 서로 다른 시기의 방식을 뒤섞는 것이 자녀를 사랑하는 부모들이 흔히 저지르는 큰 실수입니다. 한 번쯤 깊이 생각해 볼 필요가 있겠죠.

이런 유형의 부모 중에는 '내 말이 다 맞으니 따라야 한다.'라며 독재자처럼 행동하는 분들도 있습니다. 이런 독재자와 같은 부모를 바꾸는 것은 쉽지 않습니다. 오랜 시간 그렇게 살아왔기 때문이죠. 다만, 부모가 자신의 독재적 모습을 완전히 바꾸기는 어려워도, 그 모습을 어느 정도 막아낼 수 있는 방법은 있습니다. 그들에게 '나도 내 모습에 문제가 있구나.'라는 깨달음을 주는 것도 가능하죠.

독재자들이 흔히 사용하는 아이템 중 하나가 바로 선글라스입니다. 자기 생각을 숨기려는 의도 때문이죠. 독재자는 자신의 생각은 감추고, 상대방의 생각만 읽으려 합니다. 그래서 그들이 가장 좋아하는 말이 "속을 알 수 없다."라는 표현입니다. 이런 이미지를 만들기 위해 노력하는 것이죠.

독재자와 같은 부모에게 변화를 기대하기는 어렵지만, 내가 내 속마음을 드러내지 않는 정도로만 노력해도, 부모는 긴장하게 되고, 그것이 변화의 출발점이 될 수 있습니다. 거짓말이 아니라, 내 생각을 쉽게 전달하지 않는 약간의 노력으로, 독재자 부모가 나에게 미치는 영향력을 줄일 수 있습니다.

물론, 이런 부모 밑에서 자라면, 자식은 마치 독재정권 아래에서 사는 국민처럼 영향을 받게 됩니다. 예를 들어, 북한 주민들의 삶의 질은 객관적으로 매우 처참하지만, 주관적 삶의 질은 그렇게 낮지 않은데, 이는 '밖을 보지 않기 때문'입니다. 다른 나라를 모르기에, 자신이 사는 환경이 절대적이라고 생각하는 거죠.

이와 마찬가지로, 독재자와 같은 부모 밑에서 자란 아이들은 '우물 안 개구리'처럼 제한된 세계에 갇히게 됩니다. 우리가 반드시 경계해야 할 부분입니다.

또한, 자식을 조건부로 사랑하는 부모님들도 있습니다. 자녀의 성취만 사랑하거나, 형제자매 중에 잘난 자식만 편애하는 경우인데요, 이런 부모 밑에서 자란 자녀들은 대체로 불행해지기 쉽습니다. 특히, 시간이 흐를수록 조건부 사랑을 받은 자녀는 타인을 온전히 사랑하거나 정당한 비판을 받아들이기 어렵기 때문에, 중년 이후 삶의 역량이 줄어드는 경향이 있습니다.

반면, 조건부 사랑을 받지 못한 자식들은 결핍을 채우기 위해 더 노력하게 되고, 오히려 중년 이후 삶의 역량이 더 좋아지는 경우가 많습니다.

여기서 중요한 점은, 과거보다 훨씬 더 오래 사는 현대사회에서, 조건부로 사랑받은 자식이 사회적으로 고립될 가능성이 크다는 점입니다. 그러니 절대로 조건부 사랑을 해서는 안 됩니다.

마지막으로, 최근 사회현상 중의 하나인, 성인이 된 자녀의 직장 문제에 부모가 개입하는 사례를 이야기해 보겠습니다. 이는 어른이 된 뒤에도 자립하지 못하는 가장 중요한 원인으로 작용하는데, 그 이유는 자녀가 성장 과정에서 스스로 고민해야 할 문제를 부모가 대신 고민해 주었기 때문입니다.

그렇기 때문에 자녀의 성장 과정에서 무엇이 자녀가 고민해야 할 문제이고, 무엇이 부모가 고민해야 할 문제인지 매 순간 고민하며 조율하는 과정이 매우 중요합니다. 이런 작은 고민이 벽돌처럼 차곡차곡 쌓이면 어느 순간 하나의 벽돌처럼 보이고, 더 쌓이면 굳건한 기둥처럼 보입니다. 이 벽돌이 부모의 직관이고, 그 기둥이 부모의 철학이 되는 거죠. 우리는 때때로 책 한 권을 읽고 큰 깨달음을 얻은 것처럼 삶의 원칙 하나를 세워 행동하려고 하지만, 그것은 때로 원칙이 아닌 아집이나 고집이 되기 쉽습니다.

이번 강의에서는 사랑하는 연인, 그리고 가족과 같은 가까운 사이에도 지켜야 할 선이 있다는 걸 말씀드렸는데요. 아무리 사랑하는 사이라도 나를 망치는 관계라면 반드시 멀어질 결심을 해야 한다는 것, 명심하시길 바랍니다. '내가 나쁜 사람이 되는 것 같다.'라는 이유로 참고 견디는 건 결코 옳지 않습니다. 반대로 관계를 개선하려고 노력하면서 조금씩 나아지고 있는 가족이나 연인이 있다면, 꼭 이렇게 말해주세요.

"고마워. 사랑해. 잘하고 있어."

이런 표현들이 분명 큰 힘이 될 겁니다.

무엇보다 가장 중요한 건,
나 자신을 존중할 수 있는 사람이 되는 겁니다.
이 존중감은 내가 가진 재산이나
주변 사람들의 부러움을 사는 자산이 아니라,
내가 끊임없이 성장하고 있다는 사실에서 옵니다.

늘 새로 배우고 도전하며 성취하는 삶,
이것이 나를 지킬 수 있는 가장 강력한 무기라는 점,
잊지 마시기 바랍니다.

김경일의
다시 만난
심리학

사회 속에 살아가기

9강

한국에서 한국인으로 살아가는 법

- 그 나라의 특성을 알 수 있는 집단심리
- 한국인이 독특하다고 평가받는 이유
- 우리만 아는 '우리' 문화
- 관계주의 문화를 중시하는 한국인
- 한국인은 잘 뭉친다 vs 분열한다
- 문화 간 차이보다 문화 내 차이가 더 크다
- 집단이 나를 힘들게 할 때 나를 지키는 법

9강에 들어가기에 앞서

　이번 강의에서는 한국인의 심리, 특히 집단심리에 대해 이야기해 보려고 합니다.

　여러분도 한번쯤은 '도대체 한국 사람들은 왜 이럴까?' 하며 고개를 갸웃한 적이 있으실 겁니다. 반대로 '역시 우리 한국 사람, 대단해!'라고 하며 뿌듯했던 순간도 분명 있으셨을 테고요.

　그래서 오늘은, 한국인에게 유독 뚜렷하게 나타나는 심리적 특성은 무엇인지, 그리고 그것이 어디에서 비롯된 건지 함께 살펴보려 합니다.

　왜 이런 이야기를 나누는 게 중요할까요?
　우리는 생각보다 우리 자신에 대해 잘 모를 때가 많습니다. 스스로를 잘 모르면, 다른 문화를 받아들이거나 배워야 할 것을 제대로 분별하기 어려워지죠.

　그래서 한국인으로서의 심리와 문화를 이해하는 일은 단순히 민족적 특성을 파악하는 데 그치지 않습니다. 그것은 나를 좀 더 깊이 들여다보고, 타인을 더 따뜻하게 이해하며, 우리가 함께 살아가는 이 사회를 조금 더 잘 알아가는 데까지 이어집니다.

　이번 강의가 이러한 이해의 첫걸음이 되어 여러분 각자가 자신과 우리를 바라보는 시선에 작은 변화와 여유를 더해줄 수 있기를 바랍니다.

그 나라의 특성을 알 수 있는 집단심리

먼저 '집단심리'가 무엇인지부터 알아볼까요?

개인이 하나의 개체라면, 집단 역시 심리학적으로 하나의 개체가 될 수 있을까요? 즉, 독립된 개인들이 모인 집단이 또 다른 개체로서 서로 만나고, 갈등하고, 화합할 수 있을까요? 결론부터 말씀드리면, 당연히 가능합니다. 왜냐하면 인간에게는 다양한 '자아'가 존재하기 때문입니다.

저는 프로야구 팬인데요, 우리나라 열 개 팀 중 하나를 응원합니다. 정규 시즌 동안 나머지 아홉 개 팀은 저에겐 라이벌이자 경쟁 상대입니다. 그래서 다른 팀 선수들에게 때론 날카로운 비판도 하죠. 하지만 올림픽 국가대표가 되면 그 선수들은 소속 팀이 아닌 '대한민국 대표'가 되기 때문에, 저는 그들을 한마음으로 응원합니다.

한 달 전까지만 해도 경쟁자였던 그 선수들을 한 팀으로 받아들이고 응원하는 모습, 참 흥미롭지 않나요? 이렇게 집단과 개인은 자기가 속한 집단을 어떻게 인식하느냐에 따라 전혀 다른 자아를 갖게 됩니다.

실제로 다른 동물과 달리 인간은 같은 집단 내에서도 미묘한 역학 관계를 맺습니다. 개인과 집단 모두 환경에 민감하며, 집단은 개인들의 모임이지만 동시에 개인을 둘러싼 '배경'이자 '맥락' 역할도 합니다. 개인이 조금씩 움직이면 집단도 함께 움직일 수밖에 없죠.

또한, 연구자들은 집단심리가 개인심리보다 더 본능적이고 원시적이라고 말합니다. 즉, 온순한 개인들이 모여 파괴적인 집단이 될 수도 있고, 반대로 화난 개인들이 모여도 평화로운 집단이 될 수 있다는 뜻입니다.

집단은 개인보다 훨씬 오랜 역사를 갖고 있습니다. 개인의 수명이 길어져도 100년 안팎인 데 반해, 집단이 형성한 문화는 수백, 수천 년 동안 이어집니다. 그래서 우리는 개인의 역사가 아닌, 문화의 역사에서 그 나라만의 특성을 찾게 되죠.

한국인이 독특하다고 평가받는 이유

그렇다면 '국민성'이라는 개념은 있을까요? 엄밀히 말하면 국민성은 실체가 아닙니다. 국민성에 대한 다양한 생각들은 근거가 없거나 오해에서 비롯된 경우가 많기 때문입니다. 하지만 분명히 그 나라 사람과 문화에 따라 드러나는 특징은 존재합니다.

예를 들어, '코리안 타임'이라는 말이 있죠. 한국인은 시간을 잘 안 지킨다는 통념이 있지만, 실제로 외국에 나가보면 한국 사람들이 오히려 시간을 가장 잘 지키는 편에 속합니다. 이는 한국 사회가 산업화를 거치면서 '정시에 도착해야 한다.'라는 규범을 강조하게 되었고, 그 결과 이전보다 느슨하지 않고 엄격한 시간 문화가 자리 잡게 된 것입니다. 따라서 '코리안 타임'이라는 표현은 실제 국민성을 설명하기보다는, 역설적으로 사용된 개념에 가깝다고 할 수 있습니다.

본격적으로 한국인의 특징에 대해 이야기해 보고자 합니다. 우리가 해외 정보나 문화를 배우면서도, 배워야 할 점과 배우지 말아야 할 점을 구분하려면 우리 자신을 잘 이해해야 합니다. 내 몸에 영양이 충분한데도 무조건 영양제를 섭취하면 오히려 건강에 해롭겠죠. 마찬가지로 우리 자신을 잘 아는 것이 성장과 발전에 가장 필요한 과정이라고 할 수 있습니다.

한국 문화가 세계적으로 소비되고 전파되면서 그 특징들이 더욱 두드러지고 있죠. 저는 이와 관련한 책으로 문화심리학자 한민 박사의 『선을 넘는 한국인 선을 긋는 일본인』(부키, 2022)과 홍대선 작가의 『한국인의 탄생』(메디치미디어, 2024)을 추천하고 싶습니다. 많은 연구자들이 한국인의 특징을 연구해 왔는데, 이 두 책은 객관적이고 체계적인 연구를 바탕으로 그 내용을 잘 정리하고 있습니다.

한국인 연구를 통해 드러난 몇 가지 분명한 특징이 있는데요, 제가 자주 하는 농담 중 하나이기도 합니다. '한국은 단군 할아버지가 토지 분양 사기를 당한 나라다.'라는 거예요.

왜 우리는 이렇게 사계절이 뚜렷하고 척박한 땅에 살고 있을까요? 우리는 왜 대륙의 변방에서 수많은 민족과 세력이 끊임없이 침입하는 곳에 자리를 잡았으며, 왜 이런 어려운 환경에서 쌀을 주식으로 삼았을까요?

식량, 지형, 기후까지 한국은 살기에 매우 녹록지 않은 곳이라는 데에 대부분의 연구자들이 동의를 합니다. 그런데 흥미로운 점은요, 이런 어려운 환경이 오히려 한국인의 IQ 향상에 긍정적인 영향을 끼쳤다는 사실입니다.

또 행복과 관련된 신경전달물질인 아난다마이드의 분비 부족이, 근면 성실과 연관되어 있다는 연구를 포함해 수백 가지 흥미로운 연구들이 있지만, 여기에서는 그중에서도 특히 중요한, '한국인의 자아'와 그 자아가 만들어 낸 '또 다른 자아'에 대해 말씀드리고자 합니다.

우리만 아는 '우리' 문화

　외국 연구자들이 자주 하는 이야기가 있습니다. 개인주의든 집단주의든 '나'라는 자아를 써야 하는데, 한국 사람들은 왜 자꾸 '우리'라는 자아를 쓰느냐는 거예요. 무슨 말인가 하면, 전 세계 어디에서도 '우리 와이프'라는 충격적인 표현을 쓰는 나라는 없다는 겁니다.

　혼자 사는 사람도 '우리 집에 놀러 와.'라고 합니다. 무남독녀 외동딸도 '우리 아빠'라고 하죠. 나라를 이야기할 때도 '우리나라'라고 말합니다. 다른 나라에 가보면 이런 표현은 찾아보기 어렵습니다.

　영어, 프랑스어, 독일어와 같은 서양 언어들도, 그리고 대부분의 아시아 언어들도 'my country'라는 표현을 훨씬 더 많이 씁니다. 그런데 우리는 어떤가요? 혹시 한 번이라도 "내 나라"라고 해본 적 있으신가요? 친구들과 맥주 한잔할 때나 차 한잔하면서 "야, 요즘 내 나라가 왜 이렇게 시끄럽냐?"라고 말해보세요. 저도 한번 해봤는데, 친구가 뒤통수를 때리면서 "네가 이 나라 샀냐?"라며 뭐라 하더라고요. 거의 모든 나라에서 '나'를 자아로 쓰지만, 한국인만 '우리'를 자아로 쓰는 겁니다.

　왜 한국인은 '우리'라는 자아를 계속 쓰는 걸까요? 여러 학설이 있지만, 한국의 사회심리학자들과 문화심리학자들은 이 점에 주목합니다.

한국인은 단지 개인의 역량만으로 생존할 수 없고, 집단에만 기대서도 생존이 불가능한 환경에서 살아왔습니다. 역사적으로 수많은 세력이 침입한 땅이죠. 중국의 한 연구자는 한국에 대해 경외심을 표하며 이렇게 말했습니다.

"거란, 여진, 흑수말갈과 같은 강력한 힘을 가진 수많은 민족이 사라졌고 그들의 언어도 사라졌지만, 한국만은 살아남아 지금도 고유한 언어를 지니고 있다."라고요.

제가 일본 이야기를 꺼냈더니, 일본인은 만 년간 고립돼 있었다며 그것에 대한 자부심을 갖고 있다고 했습니다. 엄청난 시련을 겪으면서도 끊임없이 버텨내야 했던 한국과는 상황이 다르죠. 바닷가에 있다면 육지에 있는 집단이 나를 보호해 줄 수 없고, 산속에 있다면 마을에 있는 집단도 나를 보호해 줄 수 없습니다.

그렇다면 한국인은 어떻게 이 어려운 역경과 침략을 견뎌냈을까요?

바로, 지금 내 곁에 있는 사람들과 늘 역동적으로 협력하고 힘을 합쳤던 겁니다. 그래서 한국은 평소에는 협동이 잘 안 돼도, 위기 상황에서는 놀랄 만큼 단결하는 독특한 문화가 형성됐다는 연구도 있습니다.

즉, 개인의 독립성이나 집단에 대한 무조건적인 복종만으로는 생존할 수 없었던 우리는, 순간순간 닥친 위기 앞에서 평상시 분열된 타인들을 하나로 규합해 '우리'를 만들고, 그때그때 위기에 대응하며 생존해야 했던 경험을 쌓아온 셈입니다.

'우리'라는 자아는 고문서에도 늘 등장합니다. 또, 가족이 아닌 사람에게 가족 호칭을 쓰는 유일한 문화가 한국 문화라는 점에 주목하는 연구자들도 많습니다. 친구의 어머니를 '어머님'이라 부르거나, 친구의 아버지를 '아버님'이라 부르는 나라는 한국밖에 없습니다.

저는 미국 유학 시절 친한 친구 집에 갔다가 친구 어머니에게 아무 생각 없이 "Mother!"라고 했다가 큰일 날 뻔했습니다. 친구가 농담 삼아 "총 가져와!"라고 하더군요. 정말 총 맞을 수도 있는 상황이었죠.

한국인은 아무나 "이모" "삼촌"이라고 부르기도 합니다. 아이들에게 "삼촌" "이모"라는 호칭을 가르치는 것도 자연스러운 일이죠.

한국은 가족주의라기보다 '가족 확장주의' 문화입니다. 가족끼리 단결하고 친밀하며, 심지어 비즈니스 관계에서도 가족과 같은 유대가 강한 문화죠. 남미나 남부 유럽, 대표적으로 이탈리아에도 어느 정도 비슷한 면이 있지만, 가족이 아닌 사람에게 가족 호칭을 쓰지는 않습니다.

관계주의 문화를 중시하는 한국인

'우리'라는 자아는 '관계'를 의미하는데, 그래서 한국은 집단주의도 아니고 개인주의도 아닌 '관계주의' 문화라고 말하는 연구자들이 많습니다.

흥미로운 점은, 관계주의에 있어서 만큼은, 세대 차이가 별로 느껴지지 않는다는 겁니다. 다만, 그 관계가 얼마나 오프라인에 집중돼 있느냐가 세대 차이를 만듭니다. 기성세대는 오프라인에 치중돼 있지만, 후배 세대나 젊은 세대는 온라인에서도 다양한 관계를 맺고 있습니다.

이렇게 관계주의 문화를 중시하는 한국인은 자기소개서를 매우 특이하게 씁니다. 외국 연구자들과 외국 기업 채용 담당자들이 늘 하는 말이 있어요.

"한국인의 자기소개서는 자기소개를 하지 않는다. 자기 관계를 소개한다."

즉, '저는 엄격한 아버지와 자상한 어머니 사이에서 3남 2녀 중 셋째로 태어났습니다.'라는 식으로 자신을 먼저 소개한다는 거죠. 왜 그럴까요?

나를 표현하고 소개하기 위해서는, 나를 둘러싼 관계와 그 관계 속에서 내가 어떤 역할과 위치를 차지하는지를 설명하는 것이 매우 중요하기 때문입니다.

외국 연구자들은 한국인에게 자아가 없다고 오해했지만, 사실 한국인은 자아가 크고 관계적이라는 게 더 정확한 표현입니다. 이 관계적 자아와 문화는 한국인의 삶, 즉 우리의 삶을 설명하는 데 빠질 수 없는 요소입니다.

그런데 이런 관계적 자아가 낳는 현상 중 하나가, 바로 한국인이 다른 나라 사람보다 유행을 더 많이 쫓는다는 겁니다. 정형화된 삶을 추구하는 경향이 강한데, 이는 내가 내 삶만 보는 게 아니라 '우리'를 보기 때문입니다. 다른 사람이 어떻게 입는지, 어떤 삶의 방식을 취하는지를 자연스럽게 내 삶에 반영하게 되는 거죠.

하지만 여기서 오해하지 말아야 할 점은, 이런 모습이 자아가 없어서 맹종한다는 뜻은 아니라는 겁니다. 한국인은 그 과정에서도 '나는 중요한 사람'이고 '세상의 주인공'이라는 강한 주체성과 주인공 의식을 갖고 있습니다. 이 주체성과 관련해 한국인이 보이는 세 가지 특징이 있습니다.

첫째, 나 모르게 일이 진행되는 것을 용납하지 않는다.

둘째, 내 뜻대로 일이 진행되지 않으면 판을 엎으려 한다.

셋째, 나를 무시했다고 생각하면 불같이 화를 내고, 심지어 사람들 앞에서 그 감정을 표출한다.

이런 행동은 일본처럼 전형적인 집단주의 문화에서는 비교적 드물게 나타납니다. 집단주의에서 중요한 덕목 중 하나가 개인이 집단 앞에서 자신의 감정을 드러내지 않는 것이기 때문입니다. 하지만 한국에서는 시골 동네 어르신도, 시장 상인도, 할머니도, 심지어 아이들도 "사장 나오라."라고 하며 적극적으로 자신의 입장을 표명합니다. 왜 그럴까요? 한국인은 '개인은 결코 무력화되어선 안 되는 존재'라는 사실을 명확히 인식하고 있기 때문입니다.

하지만 그럼에도 불구하고 자아는 관계적입니다. 이로 인해 혼란스러움이 존재합니다. '소小'는 늘 '대大'를 긴장시키고, 대는 늘 소에게 희생을 요구하는, 갈등과 충돌이 끊이지 않는 것이 한국 문화의 한 단면이기도 하죠. 이 과정을 이해하지 못하면 한국인을 단순히 이해하기 어렵습니다. 한국인을 제대로 이해하려면 더 세심한 시선과 이해의 틀이 필요합니다. 단순히 유행을 쫓고 정형화된 삶을 추구하는 '자아 없는' 문화가 아니라, 유행을 쫓고 정형화된 삶을 추구하는 과정 속에서 '자기 위치'를 끊임없이 확인하려는, 치열한 자아의 존재들이 바로 한국인이라는 점을 기억해야 합니다.

한국인은 잘 뭉친다 vs 분열한다

이와 같은 문화와 심리는 돈과 성공에 집착하는 사회적 분위기와도 맞닿아 있습니다. 한국인은 매우 동질적인 사회에서, 좁은 지역에 많은 사람들이 밀집해 살아가고 있습니다. 그리고 우리는 비슷한 시기에 비슷한 일을 하는 경향이 강합니다. 그 과정에서 가장 쉽게 이루어지는 건 타인과의 비교죠. 그런데 타인의 바둑 실력과 나의 테니스 실력을 직접 비교할 수 있을까요? 아니죠. 그래서 결국 공통된 잣대, 즉 돈이나 사회적 성공과 같은 기준이 상대적으로 더 많이 인용되고 강조되는 것도 어쩔 수 없는 일입니다. 물론 그 '어쩔 수 없음'이 정당화될 수는 없겠지만요.

하지만 분명한 건, 그런 모습들이 단순히 한국 사회에 무슨 문제가 있기 때문만은 아니라는 점입니다. 어떤 문화든 그 문화가 가진 강점이 때로는 단점이나 고통의 원인이 되기도 하거든요. 예를 들어, 열심히 살고 부지런하며 똑똑한 사람들이 많은 문화일수록 더 경쟁적이고, 정형적인 삶의 방식이 강요될 가능성이 큽니다.

이런 특징은 한국 문화의 또 다른 면과도 연결됩니다. 바로, 위기 상황에 대처하는 방식입니다. 어떤 나라는 평상시엔 질서 정연하지만 위기가 닥치면 쉽게 무너지는 반면, 한국은 오히려 평소에는 갈등이 많고 분열적인 모습이 나타나지만, 막상 위기 상황이 닥치면 놀라울 만큼 빠르게 단결하는 경향이 있습니다.

그래서 우리는 '한국인은 잘 뭉친다.', 혹은 '늘 분열한다.'라는 단편적 인식보다, 상황과 맥락에 따라 달라지는 복합적인 특성을 이해할 필요가 있습니다.

결국, 어떤 문화를 장단점이나 우열로만 평가해서는 안 됩니다. 개인이 타고난 기질의 장점을 살리는 것이 성숙한 삶이듯, 문화 역시 그 고유한 특성을 잘 살려내는 것이 성숙한 방향입니다.

문화 간 차이보다
문화 내 차이가 더 크다

그렇다면 우리 문화의 단점은 어떻게 해야 할까요?

그 답은 단점을 보완할 수 있는 다른 측면을 기르거나, 더 넓은 글로벌 사회의 시각을 받아들이는 데에 있을 겁니다. 주체성과 주인공 의식이 강한 문화에서는 사람들 간의 편 가르기도 매우 역동적입니다. 어제의 적이 오늘의 친구가 되고, 오늘의 친구가 내일의 적이 되는 일이 흔하죠.

저 역시 인생을 살면서 그런 경험을 자주 합니다. 여기서 바보 같은 생각은 뭘까요?

'친구도 결국 적이야.'

하지만 지혜로운 생각은 '적도 친구가 될 수 있어.' 아닐까요? 어떤 관점을 갖느냐에 따라, 내 문화의 장점을 더욱 발전시킬 수도, 반대로 단점을 더 악화시킬 수도 있습니다.

그럼에도 불구하고 한국 문화에서 특히 조심해야 할 것은 편견과 혐오입니다. 모든 문화가 그렇지만, 한국처럼 강한 주체성과 에너지를 가진 문화에서는 편견과 혐오가 더 큰 사회적 문제로 이어질 수 있습니다. 에너지가 약한 문화에서는 편견이 저주나 무시로 그칠 수 있지만, 에너지가 강한 문화에서는 그게 막말이나 폭력으로 번지기 쉽습니다.

한국어에는 표현할 수 있는 욕의 어휘가 다른 언어에 비해 압도적으로 많다고 합니다. 반대로 일본어에는 실제로 쓰이는 욕이 거의 없지만, 저주의 표현은 많습니다.

이건 앞서 소개해 드렸던 한민 박사의 책 『선을 넘는 한국인 선을 긋는 일본인』에 나오는 대목인데요. 일본은 조용히 저주하고, 한국은 소리 내어 욕하는 경향이 있다는 점에서 문화적으로 뚜렷한 차이를 보인다는 겁니다.

저도 일본 친구에게 저주를 들은 적이 있는데, 솔직히 말하면 타격이 없더라고요. 이런 차이들이 바로 문화가 가진 재미있는 지점입니다.

그렇다면, 이런 문화적 단점들을 어떻게 해결할 수 있을까요?

가장 중요한 건 자기 문화의 장점을 정확히 이해하는 겁니다. 그리고 그 장점을 이해하기 위해 필요한 건, 다양한 사람들을 만나보는 경험이죠.

좁은 인간관계 속에 갇힌 사람들은 대개 자기 문화의 단점만 보게 됩니다. 하지만 내가 A라는 직업을 가지고 있을 때, B, C, K, F와 같은 다른 직업을 가진 사람들과 교류하고, 내가 D 지역 출신이라면 G, H 지역 사람들과도 자주 어울리는 사람들. 이런 사람들만이 자기 문화의 평균적 특성을 제대로 파악하고, 그 장점을 키워나갈 수 있다는 연구 결과들이 많습니다.

반대로, 나와 같은 고향, 같은 학교, 같은 직업 사람들과만 어울리는 폐쇄적인 관계를 가진 사람들은, 대개 자기 문화가 가진 약점만을 강조하며, 심지어 문제를 해결하려 하지 않기도 하죠. 물론 예외도 있습니다. 자기 소속 집단만 우월하다고 믿는, 일종의 집단적 나르시시즘을 보이는 사람들이 바로 그런 경우입니다. 하지만 문화라는 이름 아래에는 실로 다양한 사람들이 공존하고 있습니다. 그래서 심리학자들이 말하는 흥미로운 역설이 하나 있죠.

'문화 간 차이보다, 문화 내 차이가 더 크다.'

무슨 뜻일까요? 미국과 한국의 문화 차이보다, 한국 문화 안에서 사람들 간의 차이가 더 클 수 있다는 겁니다. 이 다양성을 직접 경험한 사람만이 진정한 문화 차이를 이해하고 자기 문화의 장점을 발전시킬 수 있습니다.

집단이 나를 힘들게 할 때 나를 지키는 법

그렇다면 구체적으로 내가 속한 집단이 나를 힘들게 할 때, 어떻게 해야 할까요? 내가 속한 직장이나 동문, 동네, 가족과 같은 집단 말이죠. 한국 문화에서는 이런 문제가 매우 자주 발생하는 중요한 문제입니다.

외국에서는 직장인이 이직을 결심하는 이유로 급여, 조직문화, 복지 등을 주로 꼽는데, 한국에서는 그 이유들이 한 단계씩 내려갑니다. 주체성이 강하고 주인공 의식이 강한 한국의 문화에서 인간관계가 쉽지 않다는 거예요.

해결책은 여러 가지가 있겠지만, 우선 반드시 해야 할 것은 문제가 '그 사람과 나의 관계에서 비롯된 것인지' '그 사람의 성품과 관련된 것인지', 혹은 '내 자신의 내적인 문제인지' 이 세 가지를 모두 살펴보는 겁니다. 어느 한 가지를 임의로 정해서 문제를 풀려고 하면, 원망이나 부정적인 감정만 커질 수 있기 때문입니다.

또한 우리 문화에서는 종종 따돌림이 발생하는데, 이는 일본의 '이지메' 문화와는 다릅니다. 일본의 이지메는 조직 내 질서 유지라는 명목으로 부정적인 기능을 하기도 하지만, 한국의 따돌림은 서열과 패권 의식을 확인하려는 '주인공 문화'의 산물로 볼 수 있습니다. 약한 친구를 따돌림으로써 '내가 더 강하다.'라는 걸 보여주려는 거죠. 담임선생님이 학생 한 명 한 명을 모두 '중요한 사람'으로 대하면, 따돌림 문화가 자연스럽게 줄어들기도 합니다.

그렇다면 따돌림을 당하는 사람은 어떻게 해야 할까요? 단순히 신고만 하는 것이 아니라, '나에게 함부로 하면 안 된다.'라는 점을 알려주고, 주변에서 모두를 중요한 사람으로 대하는 이들에게 도움을 청하는 것이 좋습니다.

이처럼 복잡하고 어려운 인간관계 속에서도, 개인의 노력으로 집단을 변화시키는 것은 충분히 가능합니다. 한국 사회는 겉으로는 안정돼 보이지만, 변화에 매우 유연하게 대응해 왔기 때문입니다.

1980년대에 방송된 한국 최초의 오피스 드라마 〈TV 손자병법〉(KBS2, 1987~1993)에는 직장 내 갑질과 성희롱 장면이 자주 그려졌지만, 당시에는 대부분 농담처럼 넘겼습니다.

하지만 지금은 다르죠. 우리 사회는 지금까지 끊임없는 변화를 이어왔고, 그 변화에는 개개인의 노력이 있었습니다. 위대한 정치지도자나 집권자가 모든 것을 해낸 것이 아니라, 우리 한 사람 한 사람이 큰 역할을 한 것입니다.

언어에서도 변화를 볼 수 있습니다. 1990년대 초반에 녹음된 제 말투를 들으면 마치 옛 방송을 듣는 것 같은 느낌이 듭니다. 지난 30년 동안 제 말투도 많이 달라졌다는 걸 새삼 느꼈죠. 이처럼 한국 사회는 개인의 작은 노력들이 모여 큰 변화를 만들어 낼 수 있는 곳이기에, 절대 포기하지 말아야 합니다.

심리학적으로 볼 때, 한국 사회는 지속적으로 서로 영향을 주고받으면서 갈등을 빚기도 하지만, 문제를 직시하고 맞서 싸우는 과정이 있기 때문에 건강한 사회라고 할 수 있습니다.

심리학 연구에서는 진보와 진화가 일어나는 두 가지 방식을 이야기합니다. 하나는 문제를 덮지 않고 직시하며 싸우는 것이고, 다른 하나는 문제를 해결하기 위해 더 나은 방향으로 나아가는 겁니다. 이 두 가지가 균형을 이뤄야 문화가 진화하고 건강하게 유지될 수 있습니다.

한국 사회가 끊임없는 갈등과 안정, 그리고 변화가 서로 맞물려 영향을 주고받으며 이어져 온 것은, 우리 문화가 살아 숨 쉬는 하나의 생명체임을 보여주는 확실한 증거입니다.

그러니 오늘 배운 내용을 상대를 혐오하거나 멀리하는 데 쓰지 말고, 더 깊이 이해하고 따뜻한 시선으로 바라보는 데 써주시길 바랍니다. 미우나 고우나 좁다면 좁은 이 한국 땅에서 우리는 서로 협력하며 함께 살아가야 하지 않겠습니까?

한국인을 제대로 이해하려면
더 세심한 시선과 이해의 틀이 필요합니다.

단순히 유행을 쫓고 정형화된 삶을 추구하는
'자아 없는' 문화가 아니라,
유행을 쫓고 정형화된 삶을 추구하는 과정 속에서
'자기 위치'를 끊임없이 확인하려는,
치열한 자아의 존재들이
바로 한국인이라는 점을 기억해야 합니다.

김경일의
다시 만난
심리학

사회 속에 살아가기

10강

나이 들수록 깊어지는 사람의 비밀

- 나이가 들면 성장이 멈추는 걸까?
- 나이 들수록 더 정교해지는 사람 vs 더 단순해지는 사람
- 나이 들수록 더 좋아지는 능력
- 중년이 되면 반드시 해야 하는 일
- 정신 건강과 신체 건강은 같은 건전지를 쓴다
- 나는 끊임없이 긍정적으로 변화하는 존재다

10강에 들어가기에 앞서

우리나라 사람들은 나이에 꽤 민감한 문화를 가지고 있죠.

어떤 외국 기자는 한국 신문에서 인물을 소개할 때마다 나이를 괄호 안에 표시하는 걸 보고, "이렇게까지 나이를 강조하는 나라는 한국밖에 없는 것 같다."라고 하더라고요.

20대를 지나 30대에 접어든 사람들 중에서도 우울감을 느낀다는 이야기를 종종 듣습니다. 실제로 제 수업을 듣는 대학원생 한 명도 박사과정 중 몇 달 동안 우울해하다가 "교수님, 저 인생 다 살았어요."라고 하더군요. 그래서 제가 "나는 앞에 5자를 붙였다. 나는 뭐 순국선열이냐?" 하고 웃으며 위로 아닌 위로를 한 적도 있었습니다. 이처럼 우리 사회에는 '나이 들어간다.'라는 것에 대한 부정적 감정이 은근히 자리 잡고 있습니다.

하지만 오늘은 그와는 조금 다른 이야기를 해보려 합니다.

바로, '나이와 함께 성장하는 법', 그리고 '시간이 더해질수록 더 단단해질 수 있는 우리 삶'에 관한 이야기입니다. 우리가 어떻게 받아들이고 살아가느냐에 따라, 나이는 오히려 삶을 더 깊고 풍요롭게 만들어 주는 자산이 될 수 있습니다.

나이가 들면
성장이 멈추는 걸까?

우리는 왜 나이 드는 것을 부정적으로만 바라볼까요?

그 이면에는 여러 생각과 오해, 착각이 자리 잡고 있습니다. 사실 우리가 몇 살까지 살지는 아무도 모릅니다. 하지만 분명한 건, 우리가 예상하는 것보다 훨씬 오래 산다는 점입니다.

1960년 당시 기대수명은 53세였는데, 지금 50대 중반인 저를 비롯한 많은 이들이 건강하게 살아가고 있죠.

여성의 경우, 90세 이상까지 사는 경우가 많아졌고요, 앞으로도 기대수명은 더 늘어날 겁니다. 일부 전문가들은 110세, 120세, 심지어 130세까지 살 가능성도 제기하죠. 이 말은 노화 과정도 더 길어진다는 뜻입니다.

생물학적으로 보면 인간은 20세까지 성장한 후에 노화가 시작되는데, 이때 노화의 시간이 성장한 시간보다 훨씬 더 깁니다. 그런데 정작 '어떻게 노화하며 살아야 할지'에 대한 지침은 없습니다. 성경에도, 불경에도, 옛 경전에도 노년의 삶에 대한 구체적인 매뉴얼은 없죠. 70~100세를 살아가는 지금의 우리는 어떻게 살아야 할지 막막할 수밖에 없습니다.

옛날의 노인은 한 마을의 '중앙 도서관'과 같았습니다. 노인이 세상을 떠나면 마을이 무너질 정도였죠. 하지만 지금은 책, 인터넷, AI 등 지식에 접근하는 방법이 다양해졌습니다. 그러면 나이가 들면 쓸모가 없어지는 걸까요? 그렇지 않습니다. 오히려 더 깊이 있고 성숙해질 수 있습니다.

젊을 땐 비슷했던 사람들이 나이가 들수록 개인차가 심해집니다. 70대나 80대가 된 분들 중에는 인생의 지혜를 나누는 분도 있고, 반대로 소통을 멀리하는 분도 있죠. 그래서 저는 가끔 '이대로 살다간 나중에 젊은 사람들에게 보기 싫은 사람이 될 수도 있겠다.'라고 반성하기도 하고, 또 '계속 성장하고 싶다.'라고 다짐하기도 합니다.

심리학 연구에 따르면, 속물근성과 같은 미성숙한 태도는 나이 들면서 줄어드는 경향이 있지만, 개인 간 차이는 크게 달라지지 않는다고 합니다. 즉, 20대 때 속물근성이 높던 사람은 70대가 되어도 상대적으로 높은 편이라는 거죠.

이처럼 '나이 듦'은 단순한 노화가 아니라 매우 복잡하고 흥미진진한 과정입니다. 나이가 들수록 예상치 못한 재미있는 일들도 많이 생기니까요.

나이 들수록 더 정교해지는 사람
vs 더 단순해지는 사람

최근 서점가에서 유행하는 '방황하는 40대' '혼란스러운 50대를 위한 안내서'와 같은 책들은, 예전 공자가 말한 '불혹' '지천명'과는 전혀 다른 현실을 보여줍니다. 오히려 40대, 50대, 60대가 더 큰 혼란을 겪고 있다는 거죠. 그 이유는 사회적 위치가 아직 청년기와 비슷하기 때문입니다.

저 역시 50대 중반이지만, 친구들을 만나면, 여전히 모르는 것이 많으며 갈 길이 멀다는 이야기를 합니다. 이런 혼란은 앞선 세대들이 경험하지 않은 변화 때문입니다. 35만 년 인류 역사에서 쌓아온 지식과 경험이 지금과 맞지 않기 때문이죠.

따라서 우리는 '나는 아직 갈 길이 멀고, 배워야 할 것이 많으며, 계속 성장해야 한다.'라는 생각을 끊임없이 유지해야 합니다. 그 생각을 포기하는 순간, '헛살았다'는 아픈 결과를 맞이하게 됩니다. 즉 이런 사람들의 공통점은 20대, 30대 어느 순간부터 더 이상 깊이 고민하지 않는다는 점입니다. '나는 이미 다 자랐다.' '성장은 끝났다.'라는 생각이 무의식 중에 자리 잡는 거죠. 그런데 이런 사람들의 특징은 지금도, 그때도 똑같은 말만 반복한다는 겁니다.

제 주변에도 그런 분이 한 분 계십니다. 30대 초반부터 '검은 머리 가진 짐승은 거두지 마라.'라는 신념을 가지고 계셨는데요, 그런 생각을 하고 있었음에도, 정작 그분은 '검은 머리 가진 사람들'에게 큰 도움을 받았습니다. 'A도 맞고 B도 맞고 C도 맞지만, 동시에 A도 틀리고 B도 틀리고 C도 틀릴 수 있다.'라는 걸 알고 있었던 거죠. 그런데 왜 그분의 생각은 더 나아가지 않았을까요?

자신과 신념이 충돌하는 수많은 경험들을 외면했기 때문입니다. 그리고 20대, 30대에 형성한 그 '아집과 같은 신념'을 끝까지 붙잡은 채, 다른 삶의 가능성들은 모두 스스로 포기해 버렸던 거죠. 이런 사람들의 특징은 생각이 정교해지지 않는다는 겁니다.

'검은 머리 가진 짐승은 거두지 마라.'라는 명제가 30대 초반에 생겼다 하더라도, 그 후 10년간 고민하고 경험했다면 적어도 '아첨하는 검은 머리 가진 짐승은 거두지 마라.', 혹은 '약자를 하대하는 사람은 절대 믿지 말자.' 정도로 수정됐겠죠. 그리고 그런 식으로 자신을 계속 다듬어 나간 사람은 결국 이런 생각에 이르게 됩니다.

'내가 강할 때만 나에게 아첨하는 검은 머리 가진 짐승은 거두지 말자.' '약자에게 하대하는 사람은 절대 믿어서는 안 된다.'라고요.

세상에는 수많은 규칙과 법칙이 존재하지만, 그것을 분별하는 기준을 제대로 세우지 못한 채 나이만 들어가는 사람들이 있습니다. 그리고 이들은 중년 이후에 이런 모습을 보이기 쉽죠. 처음 만난 사람에게는 무조건 재미있게 대해줘야 한다는 생각에 농담을 던졌는데 상대가 불쾌함을 표시하면, "내가 뭘 잘못했냐."라며 화를 내는 겁니다. 저는 그런 분들에게 "나이를 헛먹었다."라고 말합니다. 그리고 이런 사람들 중엔 착한 사람도, 성실한 사람도 얼마든지 해당될 수 있다는 걸 유념할 필요가 있습니다.

사람은 성장단계별로 어린이, 청소년, 청년, 중장년, 노년의 과정을 거치는데요. 이 과정에서 겪는 심리적 변화는 무엇일까요? 가장 대표적인 변화 중 하나는 감정을 조절하는 능력이 점점 세밀해지고, 감정 표현도 적절히 조절할 수 있게 된다는 겁니다. 긍정적인 변화라고 볼 수 있죠.

어린이는 기쁘면 세상에서 제일 좋은 일이 일어난 듯 웃고, 슬프면 세상이 망한 것처럼 웁니다. 청소년기에는 감정이 가장 격해지고, 청년기를 지나면서 점차 완화되며, 중장년이 되면 감정 조절이 한결 수월해집니다.

노년에 접어든 어떤 분들은 화가 날 때 10점 만점에 7점만큼만 화를 내고, 기쁠 때도 10점 만점에 3점 정도로 조절하는 모습을 보입니다. 그런 분들을 보며 '나도 저렇게 나이 들고 싶다.'라고 생각하곤 합니다.

실제로 사람은 노년기로 갈수록 우울함이 조금 늘고 기쁨은 줄어드는 경향이 있지만, 반대로 행복감이 상승하는 경우도 많습니다. 여러 연구가 이런 양극단의 평균을 보여주기 때문에 혼란이 생기는 거죠.

사람은 두 갈래로 나뉩니다. 나이 들수록 더 정교해지는 사람과 점점 더 단순해지는 사람. 정교해지는 사람들은 때론 현인처럼 느껴집니다.

나이 들수록 더 좋아지는 능력

최근에는 나이 들수록 더 좋아지는 능력에 대한 연구가 활발해졌습니다. 나이가 들면 머리가 나빠진다고 생각하는 분들이 많지만, 실제로는 그렇지 않은 경우가 많습니다. 제가 아는 한 PD님은 "나이가 들어 머리가 바보가 됐다."라고 농담하셨는데, 그분은 저보다 나이가 어리신 분이었죠. 그래서 제가 "그럴 리 없다."라고 말했습니다.

나이가 들어도 분명히 좋아지는 능력이 있습니다. 70대가 되어야 좋아지는 능력 중 하나는, 바로 '하루를 긍정적으로 평가하는 능력'입니다. 예를 들어, 오늘 좋은 일이 세 번 있었고 나쁜 일이 두 번 있었다면, 전체적으로는 '플러스 1'의 날인 거죠. 하지만 젊을 때는 좋은 일 세 번이 있어도 나쁜 일이 두 번이라면 '오늘은 망했다.'라고 생각하는 경우가 많습니다. 특히 저녁 무렵에 나쁜 일이 몰리면 기분이 한층 가라앉아, 마치 '마이너스 4'처럼 느껴지기도 하죠. 그래서 20대가 더 힘들게 기억되는 걸지도 모릅니다.

이런 긍정과 부정의 감정을 정확하게 계산할 수 있는 능력은 60대쯤부터 생기기 시작하지만, 70대가 되어서야 더 확실하게 발달합니다. 적은 자원으로도 더 효율적이고 지혜롭게 살아갈 수 있죠. 70대가 되어도 이런 능력을 갖는 사람과 그렇지 못한 사람 간의 격차는 점점 벌어집니다.

그래서 저는 이런 연구를 접할 때마다 '계속 정신 바짝 차리고, 끊임없이 생각하며 살아가야겠다.'라고 다짐합니다. 아무 생각 없이 살면 정말 불행해지거든요.

또, 나이가 들면서 기억력이 떨어진다고 느끼는 분들이 많은데, 실제 뇌 기능 저하는 그다지 크지 않습니다. 오히려 자신이 느끼는 기억력 저하가 더 심하죠. 이 현상을 '간섭효과'라고 합니다.

예를 들어, 초임 교사는 제자 한두 명의 이름만 기억하지만, 30년 경력의 담임선생님은 '영희'라는 이름을 가진 제자가 20명이나 되어서, 어느 날 누가 전화를 해도 기억하기 어려운 상황이 발생합니다. 즉, 기억이 안 나는 게 아니라, 너무 많은 정보가 겹치면서 혼란이 생기는 겁니다.

그래서 저희 인지심리학자들끼리는 이런 농담을 하곤 합니다.

"나는 60대, 70대가 됐는데도 기억력에 전혀 문제가 없다. 머릿속에 아무것도 들어있지 않아서 간섭현상이 일어나지 않는다."

그러니까 위축될 필요 없다는 겁니다. 오히려 계속 활동하고 생각해야 한다는 거죠.

중년이 되면 반드시 해야 하는 일

'베르나데트 Bernadette 원장 수녀' 연구를 아시나요?

미국의 인지심리학자들이 치매와 노화를 연구하던 과정에서, 가장 지혜롭고 활발했던 원장 수녀님이 갑작스러운 병으로 세상을 떠났는데, 부검 결과, 그분의 뇌가 후기 알츠하이머, 즉 치매 상태였다는 사실이 드러난 겁니다. 수녀님은 심각한 알츠하이머 상태였음에도, 생전에 끝까지 지혜롭고 활발하게 생활했던 사실이 발견돼 학계에 큰 충격을 주었죠.

원장 수녀님은 주로 '미래'를 생각하며 일했습니다. 예산을 세우고 후원금을 계획하며, 앞으로 3년 뒤 수녀원에 필요한 설비를 예측하는 일을 했죠.

나이가 들수록 하기 싫지만, 반드시 해야 하는 일이 바로 '미래를 내다보는 것'입니다. 필자의 저서 『전망하는 인간, 호모 프로스펙투스』(웅진지식하우스, 2021)에서도 말하듯, 인간과 다른 동물의 가장 큰 차이는 '미래를 생각하는 능력'입니다. 다른 동물들도 소통하고 감정을 느끼지만, 인간 다음으로 지능지수가 높다는 오랑우탄, 고릴라, 침팬지와 같은 영장류도 1년 뒤, 10년 뒤를 고민하지 않습니다. 오직 인간만이 끊임없이 미래를 내다보고 계획하죠.

중년과 노년을 지날 때, 우리는 더욱 미래지향적인 사고를 해야 합니다. '곧 죽을 텐데 무슨 의미가 있나.'라고 생각하는 대신, 앞으로 30년, 50년을 더 살아갈 것을 생각해야 한다는 겁니다. 그 시간은 한 나라가 후진국에서 선진국으로 도약하는 기간과 맞먹고, 한 기업이 세계적인 기업으로 성장하는 데 걸리는 시간과도 같습니다. 그러니 꾸준히 노력하고 생각하며 살아가야 하는 거죠.

인지기능과 기억력은 나이를 먹는다고 해서 크게 저하되지 않습니다. 하지만 더 유지하고 강화하고 싶다면 어떻게 해야 할까요?

앞서 말씀드린 담임선생님이 학생 이름을 기억하지 못하는 이유는, 영희라는 이름을 가진 제자가 20명이나 있기 때문입니다. 그래서 기억에 간섭현상이 일어난 것이죠.

반면, 새로 부임한 학교 지킴이 보안관 선생님은 전교생 이름을 거의 다 기억합니다. 그분들의 은퇴 전 직업이 대부분 경찰관이나 소방관이라, 머릿속에는 수천 명의 범죄자 이름이 남아있지만, 요즘 아이들의 이름은 생소하기 때문입니다.

실제로 제 첫째 딸이 초등학교에 다닐 때, 그 학교 보안관 선생님이 자신은 전교생 이름을 다 기억한다면서 저에게 이런 이야기를 하시더라고요.

"학교에 오니까 기억력이 좋아진 것 같아요."

그런데 그렇지 않습니다. 그분은 간섭현상에서 벗어나신 거라고 볼 수 있어요. 즉, 새로운 환경과 경험이 기억력 유지에 큰 영향을 준 것이죠.

우리에게 좋은 경험도 중요하지만 '다양한 경험'도 필요합니다. 하지 않았던 일, 만나보지 못했던 사람, 가보지 않았던 장소 등 이런 경험들이 뇌를 활발하게 만들어 주고, 인지기능 저하를 보완해 주며, 심지어는 더 성장시키는 원동력이 됩니다.

그럼, 기억력 강화가 필요 없고 건강 문제 때문에 힘든 분들께는 어떤 조언을 드릴 수 있을까요?

심리학사에 남을 만한 유명한 실험이 있습니다. 『늙는다는 착각』(유노북스, 2022)의 저자, 하버드대학교의 전설적 심리학자인 엘렌 랭어 Ellen Langer 교수의 연구인데요. 그는 1979년에 70~80대 노인들을 오하이오주의 한 별장에 모아, 외부와 완전히 단절된 환경에서 20년 전인 1959년으로 시간을 되돌리는 '시계 거꾸로 돌리기 실험'을 진행했습니다.

별장 안에는 20년 전 신문과 방송, 달력 등이 세팅돼 있었고, 참가자들은 마치 그 시대에 있는 사람들처럼 행동했습니다. 1959년 개봉작인 영화 〈뜨거운 것이 좋아〉를 보면서 올해 영화 중에 최고라며 엄지를 세워 보이기도 하고, "2년 전에 다저스가 브루클린에서 LA로 옮겼잖아."라고 자연스럽게 말하기도 했죠. 그런데 놀랍게도 단 일주일 만에 그 어르신들의 생체 지수가 20년 전으로 돌아가는 효과가 나타났습니다. 처음에는 믿기 힘들었지만, 이후 여러 연구자들이 반복 실험하며 효과가 더 뚜렷해지는 결과를 확인했습니다.

이 실험이 우리에게 주는 의미는 '늙는 것과 퇴화는 다르다.'라는 겁니다. 나이가 들어가는 것을 약해지는 것과 동일시하지 말라는 뜻이죠. 실제로 건강하고 지혜롭게, 삶의 질이 높은 노년을 보내시는 분들은 이 사실을 몸소 보여주고 있습니다.

저도 주위에 그런 분들을 많이 봅니다. 40대였을 때 그분들은 50대였는데, "김 교수, 50대가 딱 좋다. 빨리 와봐."라고 하시더군요. "저는 50대가 되면 인생이 끝날 것 같아요."라고 했더니 "그렇지 않아. 완전 재밌어."라고 하셨죠. 그리고 제가 50대가 됐을 때, 그분들은 60대가 되어 다시 "60대가 딱 좋다. 빨리 와봐."라고 하셨습니다. 걱정할 것도 별로 없고, 인생이 신나고 즐겁다는 겁니다. 아마 제가 60대가 되면, 또 70대 선배님들이 "70대가 딱 좋다."라고 하실 겁니다.

지금 이 순간을 재미있게 살아야. 10년, 20년, 30년 후까지도 활기차게 지낼 수 있다는 말이죠.

물론 나이가 들어 얼굴에 주름이 생기는 건 받아들여야 합니다. 하지만 주름 때문에 '쓸모없다' '필요 없다' '늙었다'라고 생각하는 건 완전히 다른 문제입니다.

정신 건강과 신체 건강은
같은 건전지를 쓴다

　말과 행동을 바로잡으며 끊임없이 자신을 다듬는 사람은 분명 매력적입니다. 그런 사람들은 자신의 세상을 넓혀 나갑니다. 하지만 반대로, 세상을 좁히는 사람들도 있습니다.

　이런 극단적인 차이를 우리는 영화〈인턴 Intern〉(2015)에서 볼 수 있습니다. 앤 해서웨이 Anne Hathaway가 대표로 있는 회사에 70세 로버트 드 니로 Robert De Niro가 인턴으로 들어가는데, 주변의 동년배들은 "왜 굳이 거기까지 가느냐."라며 만류합니다. 하지만 드 니로는 "한번 가보고 싶다."라고 말하고, 결국 그는 회사에서 가장 신뢰받는 직원으로 자리 잡습니다.

　나이 들수록 지혜로워지는 사람들은 어떤 일을 할 때, '왜 해야 하지?' '굳이 할 필요가 있을까?'와 같은 잣대로 자신을 제한하지 않습니다. 끊임없이 새로운 일을 찾아 나서고, 새로운 사람들과 만나며 삶의 폭을 넓혀가죠.

　심리학에서 하는 중요한 말이 있습니다.

　'정신 건강과 신체 건강은 같은 건전지를 쓴다.'

　몸이 아프면 정신도 건강할 수 없지만, 반대로 정신을 활발하게 하면 몸도 활발해진다는 이야기입니다.

우리는 지금까지 확장과 탐구, 도전과 같은 다양한 경험들이, 나이가 들어감에도 불구하고 오히려 체력을 유지하게 하고 긍정적인 태도로 우리를 더 지혜롭게 만든다는 사실을 배워왔습니다. 하지만 여기에도 한 가지 빈틈이 있습니다. 바로, 그럼에도 불구하고 삶의 고난이 찾아올 때입니다.

우리 삶의 고난은 주로 어디에서 올까요? 물론 대부분은 가난이나 질병과 같은 문제 때문일 거라고 생각합니다. 하지만 그보다 훨씬 더 자주 찾아오는 고난은 '사람' 때문인 경우가 많습니다.

지난 10년을 되돌아보세요. 무엇 때문에 가장 힘들었나요? 어떤 이유 때문에 자주 어려움을 겪었나요? 대부분 사람 때문이 아닐까요? 모욕, 배신, 갈등, 억울함…. 이런 감정들이 우리를 괴롭히곤 합니다. 저도 예외는 아닙니다. 중요한 건, 이런 감정이 나쁜 사람 때문만이 아니라 친밀한 관계에서도 얼마든지 받을 수 있다는 점입니다.

저 역시 아주대학교에서 가르치는 학생들이 세상에서 제일 소중한 대학생들이지만, 1년에 몇 번씩은 '처키'와 같은 모습으로 변할 때도 있습니다. 요즘은 강의 평가를 읽는 것조차 두렵습니다('머리가 크다.'라는 평가는 왜 쓰는 걸까요?).

요즘 학생들을 보면 미울 때도 있지만, 한없이 사랑스러울 때도 있습니다. 제가 정말 어리석었다면, 미운 감정만 앞섰을 때 아이들을 떠났겠죠. 하지만 저는 꾸준히 아이들을 가르치며 함께 성장하고 있습니다.

사람 때문에 받는 고통은 우리가 가장 흔히 겪는 고통이지만, 흥미롭게도 이때의 뇌 반응은 신체적 부상을 입었을 때와 거의 다르지 않다는 사실을 많은 인지심리학자와 뇌과학자들이 인정하고 있습니다. 우리 뇌에는 육체적 고통과 상해를 담당하는 영역이 많은데, 사람 때문에 고통스러울 때도 그 영역들이 비슷하게 활동한다는 거죠. 몸이 아플 때 진통제를 먹으면 효과가 있듯, 사람 때문에 아플 때 진통제를 먹으면 효과가 있다는 연구 결과도 많습니다. 이 역시 많은 연구자들이 받아들이는 사실입니다. 그렇다고 제가 여러분께 진통제를 권하는 건 아닙니다. 사람 때문에 고통스러울 때마다 진통제를 먹는 것은 약물 오남용이기도 하죠.

제가 진짜 드리고 싶은 이야기는, 사람 때문에 고통스러울 때는, 정신력만으로 버티려 하지 말고, 몸부터 잘 돌보라는 겁니다. 정신력 문제 이전에 몸의 문제라는 뜻이죠.

우리는 가난하고 먹을 게 없던, 오래 살기 힘들던 사회를 겪으면서, '사람 때문에 고통받을 때 정신력으로 견뎌라.'라는 미련한 방식을 배웠습니다. 그 말이 그때는 통했을지 몰라도 지금은 통하지 않는다는 사실을 다시 한번 생각해 봐야 합니다.

사람 때문에 고통받는 건 마치 교통사고를 당한 것과 같습니다. 잘 먹고 잘 자고, 혈액순환이 원활하도록 몸을 잘 풀어주는 것, 이것이야말로 진짜 '회복탄력성'입니다. 이를 '심리적 심폐소생술(Psychological CPR)'이라고 부르는 연구자도 있죠.

사람 때문에 고통스러울 때뿐만 아니라, 주변에 마음을 다쳐 힘들어하는 사람이 있다면, 그들도 몸이 다친 사람처럼 따뜻하게 돌보고 손을 잡아주는 지혜를 발휘해 보면 어떨까요?

사실 저는 20, 30대 때보다 지금 배도 많이 나왔고, 머리도 많이 빠졌습니다. 하지만 그런데도 지금의 제 모습이 더 마음에 듭니다. 저는 지금의 김경일이 되기까지 '나이 들어간다는 것'이 참 많은 도움이 됐어요.

특히 욱하는 성격, 그리고 소탐대실하는 경향이 있던 저에게는 '나이'라는 시간이 그 감정을 조절하고 욕심을 다스리는 데 큰 역할을 했죠. 또 나이가 들면서 만난 수많은 좋은 사람들과의 관계는, 제게 많은 도움을 주고받을 수 있는 기회가 되기도 했습니다.

이런 모습들은, 제가 예전처럼 아무 생각 없이 살았다면, 혹은 늘 똑같은 생각만 반복하며 살아갔다면 결코 얻을 수 없었을 겁니다.

▲ 잘 먹고 잘 자는 것이 심리적 심폐소생술

나는 끊임없이 긍정적으로
변화하는 존재다

제가 20대 대학원생이었을 때, 정말 많은 선배들이 저에게 이런 말을 했습니다.

"경일아, 넌 어떤 직업을 가져도 되는데, 말하는 직업은 절대 가지면 안 된다."

그때 저는 욱하는 데다 말도 조리 있게 하지 못했거든요. 그런데 지금 그 선배들이 제 강연을 보며 굉장히 재밌어하십니다. 그중 지혜로운 선배님들은 이런 말씀도 하시죠.

"야, 내가 완전히 헛짚었네. 진짜 나 바보였다. 경일아, 미안하다."

그분들도 함께 지혜로워지고 계신 거죠.

여러분도 한번 떠올려 보세요. 지금보다 더 젊었을 때의 모습을요. 활발하고 싱그럽던 외모, 더 좋았던 체력…. 그런 모습만 기억나시나요? 그 이면을 들여다보면, 분명 그때보다 더 성장하고 단단해진 부분들도 있을 겁니다. 그러니 나빠진 점보다는, 좋아진 점에 집중하면서, 앞으로 10년, 20년 뒤의 자신을 상상해 보세요. '앞으로 더 발전할 수 있다.'라는 믿음을 가지면서 말이죠.

우리는 이 세상에서 삶을 마감하기 전까지, 계속해서 더 만족스럽고 지혜로운 모습으로 살아갈 수 있습니다. 그건 분명한 사실입니다.

지금까지 총 10회에 걸쳐 심리학 이야기를 나눠봤는데요, 결국 제가 여러분께 꼭 강조하고 싶은 말은 하나입니다.

'나는 끊임없이 긍정적으로 변화하는 존재다.'

이 한 문장이, 여러분께 소개해 드린 수많은 연구와 이야기를 모두 담고 있다고 생각해요.

인간은 변합니다. 흥미로운 점은, 변하지 않는 것을 어떻게 받아들이고 다루느냐에 따라 앞으로 내가 얼마나 변화할 수 있는지가 결정된다는 겁니다. 그러니 나를 소중히 여기고, 나는 계속해서 긍정적인 변화를 만들어가는 존재라고 믿어보세요. 그게 우리가 이 세상을 살아가는 데 필요한 가장 바람직한 자세가 아닐까 싶습니다. 이 강의가 여러분의 삶을 조금이라도 더 행복하게 만드는 데 도움이 되었기를 바랍니다.

나이 들수록 지혜로워지는 사람들은 어떤 일을 할 때,
'왜 해야 하지?' '굳이 할 필요가 있을까?'와 같은 잣대로
자신을 제한하지 않습니다.

**끊임없이 새로운 일을 찾아 나서고,
새로운 사람들과 만나며 삶의 폭을 넓혀가죠.**

김경일의
다시 만난
심리학

김경일의 다시 만난 심리학

1판 1쇄 발행 2025년 10월 31일
1판 2쇄 발행 2025년 12월 12일

저　　자 | 김경일
기　　획 | EBS 제작팀
발 행 인 | 김길수
발 행 처 | ㈜영진닷컴
주　　소 | (우)08512 서울 금천구 디지털로9길 32
　　　　　갑을그레이트밸리 B동 10층 ㈜영진닷컴
등　　록 | 2007. 4. 27. 제16-4189호

©2025. ㈜영진닷컴

ISBN | 978-89-314-8107-5

이 책에 실린 내용의 무단 전재 및 무단 복제를 금합니다.
파본이나 잘못된 도서는 구입하신 곳에서 교환해 드립니다.

YoungJin.com Y.